¡Este fue el libro más útil qu[...]
Salmos combina de una man[...]
zabeth A. Nixon con su profundo conocimiento de los principios bíblicos
que cambian vidas. ¡Transformará su vida! ¡Yo vi ocurrir cambios casi de
inmediato!

—Doug Addison
www.DougAddison.com, Inlight Connection
Los Ángeles, California

En un mundo que sigue enfrentando desafíos aparentemente insuperables,
la necesidad de poderosas, creativas y transformadoras palabras habladas es
apremiante. *Inspiración en los Salmos*, por Elizabeth A. Nixon, ofrece pre-
cisamente eso. Las palabras tienen el poder de cambiar el ambiente y crear
oportunidades de esperanza y destino. Elizabeth ha captado el momento en
este libro.

Inspiración en los Salmos no solo va a levantar el espíritu humano, sino
que también definirá el propósito, el futuro y las estrategias para el lector.
Las declaraciones proféticas para tomar montañas de influencia causarán un
cambio positivo en el mundo en que vivimos. Me encanta este libro, recomiendo ampliamente *Inspiración en los Salmos* a todo aquel que esté decidido a triunfar en la vida.

—Cindy Mcgill
Autora, conferencista, intérprete de sueños proféticos

Algo poderoso se produce cuando la Palabra de Dios es liberada cual decreto
espiritual. Hay una unción majestuosa; un giro hacia una unción real que
rompe y penetra el segundo cielo y trae transformación a la tierra. Cuando
nuestros espíritus, almas y cuerpos están en orden divino y decretamos el
poder de la Palabra de Dios, usando los ejemplos de este libro maravilloso,
estando expectantes y listos, ¡surge la transformación!

Medite en las verdades de esta obra para que cuando decrete los Salmos,
estos salgan de su espíritu y, literalmente, traigan el reino de Dios a la tierra.

Elizabeth A. Nixon ha traído a la luz una verdad oportuna y una enseñanza para las sazones que enfrenta la iglesia en el tiempo por venir.

—SUZETTE TORTI
AGENTE DE CAMBIO, PASTORA,
OPEN MINISTRIES INTERNATIONAL LTD
WWW.OPENHEAVEN.ORG.AU
GOLD COAST, AUSTRALIA

En esta oportuna obra, Elizabeth A. Nixon ofrece una serie de decretos basados en las Escrituras que usted puede utilizar para forjar su futuro. Hable con sabiduría, con amor ardiente y vea a Dios intervenir gloriosamente en su vida.

—JOAN HUNTER
MINISTERIOS JOAN HUNTER
WWW.JOANHUNTER.ORG
PINEHURTS, TEXAS

La Escritura dice que tenemos el poder de la vida y de la muerte en nuestra lengua (Proverbios 18:21). En efecto, podemos usar nuestra lengua para traer vida sobre nosotros, nuestras familias, nuestros hogares, nuestro trabajo, nuestras comunidades, nuestras esferas de influencia y así por el estilo. ¡Si sólo la iglesia comprendiera eso y lo viviera cada día!

En *Inspiración en los Salmos* hay claves para este tipo de vida. Léalo, medite en ello; más importante aún, declare estos decretos vivificantes sobre su vida. El ambiente que le rodea ha de cambiar. La Palabra de Dios no volverá vacía. ¡Y presenciará el poder de la vida siendo liberado en usted y alrededor suyo de maneras maravillosas e inspiradoras!

—JEANINE RODRÍGUEZ-EVERARD
IMÁGENES DE LUZ
WWW.IMAGESOFLIGHT.US

Cuando enfrentó situaciones adversas en su vida, o en la de alguien más, Jesús hurgó sistemáticamente las verdades de los Salmos y las aplicó consiguiendo resultados sorprendentes. Las declaró durante toda su vida y ministerio. Sus promesas invaluables y poéticas no sólo lo mantuvieron en vida, sino que también le dieron la revelación adecuada en su muerte. Porque en el momento más oscuro de la historia humana pronunció un salmo. Gracias Elizabeth A. Nixon por este profundo y revelador recordatorio del valor de las verdades eternas aplicadas a cada situación que enfrentemos.

—RAY HUGHES
MINISTERIOS SELAH
WWW.SELAHMINISTRIES.COM
ASHEVILLE, CAROLINA DEL NORTE

INSPIRACIÓN
en los
Salmos

ELIZABETH A. NIXON

CASA
CREACIÓN

La mayoría de los productos de Casa Creación están disponibles a un precio con descuento en cantidades de mayoreo para promociones de ventas, ofertas especiales, levantar fondos y atender necesidades educativas. Para más información, escriba a Casa Creación, 600 Rinehart Road, Lake Mary, Florida, 32746; o llame al teléfono (407) 333-7117 en Estados Unidos.

Inspiración en los Salmos por Elizabeth A. Nixon
Publicado por Casa Creación
Una compañía de Charisma Media
600 Rinehart Road
Lake Mary, Florida 32746
www.casacreacion.com

A menos que se indique lo contrario, el texto bíblico ha sido tomado de la versión Reina-Valera © 1960 Sociedades Bíblicas en América Latina; © renovado 1988 Sociedades Bíblicas Unidas. Utilizado con permiso.

El texto bíblico marcado (NVI) ha sido tomado de la Santa Biblia, Nueva Versión Internacional ® NVI ® copyright © 1999 por Bíblica, Inc.® Usada con permiso. Todos los derechos reservados mundialmente.

Traducido por: Nahum Sáez
Director de arte: Bill Johnson

Originally published in the U.S.A. under the title: *Inspired by the Psalms* published by Charisma House, a Charisma Media Company, Lake Mary, FL 32746 USA

Visite la página web de la autora: www.whitequillmedia.com

Library of Congress Control Number: 2014930181
ISBN: 978-1-62136-499-3
E-book: 978-1-62136-500-6

Nota de la editorial: Aunque la autora hizo todo lo posible por proveer teléfonos y páginas de internet correctas al momento de la publicación de este libro, ni la editorial ni la autora se responsabilizan por errores o cambios que puedan surgir luego de haberse publicado.

Impreso en los Estados Unidos de América
14 15 16 17 18 * 5 4 3 2 1

Este libro está dedicado a mi esposo, Jon,
que siempre ha creído en mí,
eso ha hecho toda la diferencia.

CONTENIDO

Primera parte:
Decretos inspirados en los Salmos

Segunda parte
Decretos inspirados por las palabras hebreas en los Salmos

Tercera parte
Decretos inspirados en el Salmo 24 para influir la cultura

PRÓLOGO

Siempre he creído en el poder de las proclamaciones inspiradas por Dios y, en lo personal, hago de decretar la Palabra una disciplina diaria debido a los grandes beneficios que recibo con ello.

Recuerdo cuando el Señor me habló por primera vez sobre los beneficios de los decretos. Fue en una temporada en la que estaba estancada emocionalmente y carecía de inspiración. Él habló una palabra clara a mi corazón acerca de la importancia de hacer decretos de la Palabra de Dios diariamente con el fin de fortalecer y edificar mi espíritu en esa época.

Durante meses, declaraba todos los días quién era yo en Cristo y lo que tenía en él. Hacía declaraciones audaces basadas en las Escrituras pero, en realidad, no sentía que "yo era cabeza y no cola". No sentía que "yo era la justicia de Dios en Cristo Jesús". No sentía que era "más que vencedora en Cristo"; sin embargo, la Palabra decía que yo era ciertamente todas esas cosas.

En ese momento tomé una decisión importantísima, creer en la Palabra de Dios más que en mis circunstancias, más que en mis sentimientos o en la falta de ellos, y más que en lo que cualquier persona pudiera decir. Al pasar meses haciendo decretos cada día comencé a ver un cambio en mis circunstancias. La Palabra de Dios realmente no retorna vacía, sino que cumple todo aquello para lo que se envió. La Palabra de Dios edifica marcos en el reino invisible que se manifiestan en lo natural. ¡Los decretos son muy poderosos!

Elizabeth A. Nixon revela hábilmente el entendimiento de los decretos. Como abogada respetable, Elizabeth está familiarizada con la autoridad legal tras los decretos. A usted le encantará la revelación que ella despliega. Su fe aumentará y verdaderamente se estimulará a participar en la proclamación de los decretos de la Palabra. No se sorprenda si ve que su vida toma nuevos giros que liberan grandes ámbitos de bendición y oportunidad.

¡Le encantará este libro! Querrá tenerlo en su biblioteca como recurso, así como con su Biblia para usarlo durante sus devocionales. Al igual que yo, sea bendecido y disfrute de esta poderosa herramienta.

—PATRICIA KING
www.XPMinistries.com

Introducción
¿QUÉ SON LOS DECRETOS?

En la PALABRA leemos acerca de las declaraciones, juicios y decretos. Estas no son más que palabras sinónimas de la misma cosa. Son únicas y distintas.

El vocablo *declarar* viene del hebreo *achvah* (kjavá) que significa "dar a conocer" y "exponer detalles e información". En el Antiguo Testamento se usa como "dar una explicación completa de o una explicación para". Así que cuando hacemos declaraciones, estamos haciendo algo conocido o rindiendo cuentas de algo. Un buen ejemplo de esto es cuando usted viaja internacionalmente, ya que parte de la tarjeta de aduana e inmigración que uno llena es una "Declaración". Los agentes aduanales le preguntan: "¿Tiene algo que declarar?" Lo que buscan ellos es una relación de los artículos con los que usted está viajando, específicamente si lleva frutas, armas o dinero, por los que debe usted "dar cuentas".

> *Los decretos son el vehículo a través del cual las verdades del ámbito espiritual se convierten en realidades tangibles en el ámbito natural.*

La diferencia es que cuando hacemos declaraciones en el ámbito espiritual, estamos haciendo un anuncio de las cosas que ya poseemos, de las cosas que estamos llevando con nosotros y que ya estamos disfrutando. En cambio, los "decretos" son el vehículo a través del cual las verdades del ámbito espiritual, que aún no son nuestra experiencia cotidiana, se convierten en realidades tangibles en el ámbito natural.

La palabra hebrea *mishppát* o "juicio", se refiere al acto específico de decidir un caso o controversia y se emplea en los procedimientos para conceder reivindicación y justicia. Es una referencia legal y la vemos en nuestro sistema judicial actual. Las personas se llevan, unas a otras, a un tribunal y le piden al juez que dicte una sentencia. Le exigen al magistrado que tome una decisión en cuanto a los hechos y rinda una decisión, una sentencia, respecto del resultado. También incluye el proceso y el procedimiento que el demandante, el demandado, los abogados, los testigos y el juez deben seguir a fin de evitar la anulación del juicio. Sabemos por las Escrituras que Dios el Padre se sienta como nuestro juez y que existe un procedimiento para que emita juicios a nuestro favor, el cual comienza con el arrepentimiento.

> *Los decretos son una herramienta para el cumplimiento de Mateo 6:10, parte de la oración del padrenuestro, en la que Jesús nos enseña a orar: "Venga tu reino, hágase tu voluntad, como en el cielo, así también en la tierra".*

Por el contrario, la palabra *decreto*, es muy diferente, mucho más amplia. Los decretos son una herramienta para el cumplimiento de Mateo 6:10, parte de la oración del padrenuestro, en la que Jesús nos enseña a orar: "Venga tu reino, hágase tu voluntad, como en el cielo, así también en la tierra".

CÓMO DESCUBRÍ LOS DECRETOS

Tuve mi primer contacto con esto cuando me dieron un "decreto para las finanzas", pero por no estar familiarizada con los decretos, lo leí sin expectativa de que algo sucedería. Lo que me llamó la atención fue cuando mi economía empezó a cambiar radicalmente.

Al principio, el dinero que tenía parecía sobrarme más de lo lógico. Por ejemplo, a final de mes ya había pagado más dinero y tenía más sobrante de lo normal, dada la cantidad de ingresos que había tenido. También parecía que las ofertas de ventas especiales y los descuentos me seguían a todas partes, y no sólo al azar en el centro comercial o en la tienda de comestibles, sino también en cuanto a los artículos y las marcas que realmente quería. Eso me llamó la atención, ya que hasta ese momento parecía que sólo las marcas que no suelo comprar estaban en oferta especial, pero no el artículo o marca específica que yo deseaba. Así que cuando de repente vi que todo lo que quería era más barato, empecé a tomar nota.

Pero lo que en verdad me impresionó más fue cuando cambió el equilibrio entre mi trabajo y mi vida completa. En ese tiempo estaba administrando mi propio bufete especializado de abogados en Los Ángeles, California, y había cambiado recientemente de trabajo de tiempo completo a medio tiempo. Mi expectativa era que mis ingresos se redujeran en relación al menor número de horas que estaba laborando. También estaba esperando que mi nivel de estrés aumentara por dos razones. En primer lugar, tendría menos tiempo para completar el trabajo y, en segundo lugar, dado que estaría trabajando menos horas, esperaba una caída de los ingresos. Pero lo que pasó me tomó completamente por sorpresa.

Así como usé este decreto para las finanzas, mis ingresos aumentaron. Trabajaba menos horas, con menos clientes, pero el valor de mis servicios y mis ingresos aumentaron. Mi nivel de estrés también descendió y no sólo por el aumento de los ingresos, sino también por la naturaleza del trabajo con el cliente, los clientes llegaron a estar menos estresados. Para un bufete legal, obtener más ganancias con menos trabajo y menos estrés no es la regla.

Los decretos habían cambiado física, emocional, práctica y tangiblemente mi trabajo, mis finanzas y mi paz; es más, toda mi vida.

Yo sabía que algo venía en camino. Pero para un abogado esos son gajes del oficio. Los abogados tienen que ser capaces de probar el caso más allá de toda duda razonable, incluso de sí mismos. Eso está arraigado en nosotros. Es la forma en que pensamos. Por lo tanto, aun para que echara mano realmente a los decretos, necesitaba entenderlos por completo y saber cómo operan, más allá de toda duda razonable.

Empecé a estudiar e investigar los decretos, como si preparara un informe jurídico sobre ellos con el fin de comprenderlos. Ese es otro riesgo profesional para los abogados. Estamos entrenados para observar los matices, las definiciones y los detalles más pequeños. Cuando los abogados leen una ley o un estatuto, lo diseccionan hasta lo más profundo de los huesos para determinar (1) qué significa, (2) si se aplica en este caso o a mi cliente, y (3) ¿cuál es la consecuencia de su aplicación?

Así que, cuando vengo a las escrituras en la Palabra, no puedo dejar de leerlas de la misma manera. ¿Qué significa un versículo específico? ¿Qué significan las palabras individuales? ¿Cómo se aplica eso a mi vida? ¿Qué consecuencias hay? Otra forma de hacer esta pregunta es: "Teniendo en cuenta el significado de este versículo y habiendo determinado que se aplica a mí, ¿cómo debieran verse afectadas mis circunstancias y mi comportamiento?"

Para responder a esas preguntas y, en concreto, con el fin de determinar "¿Qué son los decretos?", indagué tres cosas:

1. ¿Cuál es la definición de la palabra *decreto*?

2. ¿Cómo funcionan los decretos? (Es decir, ¿cómo operan en una manera de causa-efecto?)

3. ¿Dónde está su antecedente en la Biblia?

Lo que descubrí cambió profundamente mi vida.

DEFINICIÓN DEL VOCABLO *DECRETO*

Mi investigación reveló cuatro significados de la palabra *decreto*. Ellos son:

1. Una definición en inglés

2. Una definición bíblica

3. Una definición hebrea

4. Una definición alemana

Definición

Un *decreto* es una declaración de propósito, verdad o visión, es algo más que un anuncio. El decreto tiene el mismo nivel de autoridad que una ley que se promulgue o una orden que emita un tribunal. ¿Qué significa tener el mismo nivel de autoridad de una orden judicial? Considere este ejemplo: Si el acusado es declarado culpable de un delito y condenado por el tribunal a la cárcel, ¿puede ese acusado objetar o ignorar esa sentencia? No, por supuesto que no. ¿Por qué? Porque la autoridad de la orden de la corte es tal que, en caso de condena, no tiene nada más que decir al respecto.

Lo mismo ocurre con los decretos. Cuando decretamos la provisión y las bendiciones de Dios sobre nuestras vidas, ¡nada que se proponga contra nuestra provisión y bendición tiene algo que alegar al respecto! Cuando decretamos la paz y la unidad de Dios en nuestra familia, ¡nada propuesto contra la paz y la unidad tiene objeción válida para venir contra nosotros!

Definición bíblica

Un decreto bíblico es lo mismo que los propósitos de Dios, puesto que se arraiga en la Palabra de Dios. Piense en el peso que la voluntad y los propósitos de Dios tienen, ese es el mismo nivel de autoridad y peso de los decretos que estamos hablando. Es por eso que solamente debemos usar decretos basados en la Palabra de Dios. Las Escrituras son una gran red de seguridad que garantiza que usted está expresando la voluntad y los propósitos de Dios cuando decreta cosas para su vida.

Hay tantos versículos magníficos para decretar sobre nuestras vidas. Versículos para salud, bendición, paz, protección, etc. Sin embargo, hay circunstancias en las que puede ser difícil hallar uno específicamente. Por ejemplo, si está considerando cambiar de trabajo, vender la casa, regresar a la escuela, lo más probable es que no haya un versículo específico que decretar para su vida. No hay referencia en la Escritura a la que cualquiera de nosotros pueda ir que diga: "[*Su nombre*], venda su casa en este día por esta cantidad y múdese a tal o cual ciudad para que asista a la universidad allí".

Por otra parte, considerando el peso y el poder de los decretos, no animo a la gente a que los pronuncie en cuanto a esas cosas específicas, sino que elijan decretar la voluntad y los propósitos de Dios para sus vidas.

Esto es importante ya que muchas veces podemos obtener una visión específica en cuanto a cómo *queremos* que las cosas sean; nos enfocamos tanto en eso, que no logramos ver lo que Dios está haciendo. No es raro que la manera en que Dios revela sus planes luzca muy diferente de lo que esperamos. Y este es un punto serio.

Considere a los israelitas, que fallaron en cuanto a la tierra prometida porque no lucía como ellos querían o se imaginaban. Cuando encontraron que había gigantes en la tierra, decidieron no entrar (Números 13). Nosotros no queremos perder nuestra tierra prometida porque no luzca como quisiéramos.

Considere también a los judíos en el Nuevo Testamento que fallaron en cuanto a ver a su Mesías, porque no lucía ni actuaba de la manera que ellos esperaban. Esos fueron errores graves en la historia, todos porque la gente tenía cierta expectativa y fueron incapaces de ver la mano de Dios.

Utilizar decretos basados en nuestra esperanza o expectativa más que en la Palabra de Dios puede crearnos confusión, de la misma manera que los israelitas y los judíos del Nuevo Testamento fallaron en cuanto a ver el divino plan perfecto.

Por el contrario, decretar versículos bíblicos específicos imparte y libera el poder de su Palabra viva en nuestras vidas y nuestras circunstancias sin crearnos confusión ni cegarnos ante sus caminos. Si estamos en un momento de transición y esperando la dirección divina, es probable que no hallemos un versículo que nos diga a qué universidad ir o a qué ciudad mudarnos, pero podemos decretar el poder de su presencia y, cuando estamos ante ella, es difícil pasar por alto lo que Dios está haciendo. Por ejemplo, veamos esta sección del decreto inspirado en el Salmo 13, que se incluye más adelante en este libro:

> ¡Yo decreto que Jehová no me ha olvidado! Aunque Él
> escondió su rostro de Moisés en la hendidura de la peña,
> rasgó el velo del templo y me acoge en su espacio íntimo,
> donde miro su rostro, contemplo su mirada y lo adoro.

Este decreto nos recuerda que Dios no nos ha olvidado y que,
aun cuando no podamos ver claramente los detalles de lo que está
haciendo, podemos verlo y, desde ese lugar, podemos escuchar de Él
y movernos con confianza mientras lo seguimos. Es por eso que uso
y recomiendo este decreto:

> ¡Yo decreto la voluntad y los propósitos de Dios sobre
> mi vida!

Puede ser genérico, ¡pero es poderoso! En esencia, esto es lo que
estamos decretando independientemente de la referencia subyacente
de la Escritura porque la voluntad y el propósito de Dios para su
vida son una existencia abundante, salud integral, prevención, seguridad, paz, prosperidad y éxito. Independientemente de la geografía,
del tiempo o de cualquier otra cosa específica, decrete la voluntad
de Dios y sus propósitos, y se encontrará exactamente donde tiene
que estar.

Al utilizar los decretos de esta manera, es menos probable que nos
enfoquemos en una forma específica de como el plan de Dios se nos
va a presentar, lo cual hará más fácil poder tener ojos para ver cómo y
qué está haciendo Dios a medida que lo trae a nosotros.

Definición hebrea

La siguiente definición del vocablo *decreto* es la hebrea, la cual
afirma que el decreto es para dividir, partir en dos, para cortar, destruir, separar o excluir.

Este concepto hebreo nos muestra otra faceta de lo que sucede
en el mundo espiritual cuando pronunciamos decretos. Por ejemplo,
cuando decretamos: "Soy bienaventurado" (inspirado en el Salmo
112:1), no sólo estamos estableciendo la bendición, de acuerdo con la

definición hebrea de *decreto*, también estamos separándonos de todo lo propuesto en contra de nuestra bendición, estamos cortando y destruyendo los planes del enemigo.

Cuando decretamos: "Mis hijos son poderosos y rectos" (inspirado en el Salmo 112:2), separamos la fuerza [poder] de nuestros hijos de su debilidad y los apartamos del engaño. Cuando decretamos su rectitud [integridad], cortamos y destruimos la deshonestidad y la injusticia de en medio de ellos y de sus corazones.

Cuando decretamos: "Mi casa rebosa con riquezas" (inspirado en el Salmo 112:3), no sólo establecemos nuestra riqueza con la autoridad de una orden judicial, decretándola con la misma potestad con que se determinan la voluntad y el propósito de Dios, sino que también cortamos los espíritus de escasez y destruimos los de pobreza.

Los decretos que expresamos instituyen y establecen el imperio del reino de los cielos y corta para siempre el dominio del reino de las tinieblas.

Definición alemana

La definición final proviene de la palabra alemana para *decreto*, *diktat*, que significa juicio duro, impuesto a un enemigo derrotado que no puede oponerse.

En términos de implicaciones espirituales esto significa que cuando pronunciamos decretos, no sólo los estamos proclamando con la autoridad de una orden judicial—y haciendo que nuestras circunstancias sean las mismas que la propia voluntad y los propósitos de Dios, y que estamos dividiéndonos y separándonos de los planes del enemigo—, sino que también estamos haciendo un juicio severo e imponiéndolo a nuestro enemigo derrotado, ¡que no puede oponerse!

> *Los decretos son la herramienta mediante la cual nuestras circunstancias se alinean y concuerdan con la Palabra de Dios.*

Estas implicaciones duales de los decretos son las que cambiaron todo mi mundo. Cuando hacemos decretos, de acuerdo a la Palabra de Dios, nosotros:

- ✦ Expresamos la bendición de Dios sobre nuestras vidas

- ✦ Hacemos que nuestras circunstancias cambien con el fin de manifestar al cielo mientras el enemigo sufre la derrota de un juicio al que no puede oponerse.

DISTINCIÓN ENTRE DECRETOS Y AFIRMACIONES POSITIVAS

Los decretos son la herramienta mediante la cual nuestras circunstancias se alinean y concuerdan con la Palabra de Dios. A pesar de mi emoción viendo los cambios en mis finanzas, todavía tenía serias reservas en cuanto a los decretos por una razón. Durante mi permanencia en Los Ángeles me había familiarizado con la cultura, la mentalidad y la filosofía de las afirmaciones positivas. Aunque tales afirmaciones se basan en principios espirituales, incluso bíblicos, niegan la verdad de los principios judeocristianos. Así que no me sentía cómoda involucrándome con los decretos si, de alguna manera, se relacionaban o estaban alineados con afirmaciones positivas.

En caso de que no esté familiarizado con las afirmaciones positivas, son parte integral del movimiento del potencial humano, que es una filosofía que nació en 1960 y mezcla el espiritualismo de la Nueva Era con el concepto de que todo el mundo puede tener acceso a su fuente interna de poder humano para llevar una vida excepcional, e incluso influir en el curso del universo a fin de atraer hacia sí todo lo que quieran o necesiten.

Las personas que participan en ese movimiento son a menudo muy orientadas a lo espiritual. Aceptan ciertos principios bíblicos como verdad e incorporan muchos versos espirituales a sus creencias, las cuales incluyen: afirmaciones positivas, la ley de atracción y la ley de intención. Para los creyentes, es importante establecer una clara línea divisoria entre lo que es bíblico y lo que no lo es, de modo que podamos activar los principios y las promesas que Dios nos ordena.

En la última década, el Movimiento del Potencial Humano, las leyes de atracción e intención, y las afirmaciones positivas mezcladas con el misticismo de la Nueva Era han echado una raíz tan profunda en nuestra cultura occidental que han provocado una crisis en la fe bíblica verdadera, lo cual se evidencia en el hecho de que se ha vuelto común escuchar sus populares frases espirituales culturales incluso en las iglesias, desde los púlpitos y entre los creyentes.

La manifestación de las afirmaciones positivas y la manifestación del reino de los cielos

Por lo tanto, es importante entender lo que ellos proponen como la base para manifestar nuestros deseos en comparación con lo que la Palabra de Dios menciona como fundamento para la manifestación de los cielos en la tierra. A continuación se desglosarán las filosofías, creencias y enseñanzas del Movimiento del Potencial Humano, lo cual proporcionará un claro contraste con lo que la Palabra de Dios instruye.

> *Para los creyentes, es importante establecer una clara línea divisoria entre lo que es bíblico y lo que no lo es, de modo que podamos activar los principios y las promesas bíblicas que Dios nos ordena.*

Usted puede haber escuchado referencia a la ley de atracción y la ley de intención sin darse cuenta. Probablemente haya escuchado decir: "Lo pongo en manos de la fuerza" o "Lo pongo en manos del universo".

En concreto, la ley de atracción es la creencia metafísica de que "los iguales se atraen". Es decir, los pensamientos y las acciones positivas atraen cosas positivas mientras que los pensamientos y las acciones negativas atraen cosas negativas.

La ley de atracción le diría que si usted piensa o dice: "Necesito más dinero", entonces ese pensamiento y esas palabras sólo continuarán perpetuando la situación en la que siempre necesitará más dinero. La ley de atracción, que opera a través de sus pensamientos y palabras, realmente está causando la necesidad de más dinero para seguir siendo atraída a usted. Su indicación es, pues, afirmar: "Tengo tanto dinero como necesito", lo cual a su vez, según afirman ellos, ganará entrada a su propia fuente de poder humano interno para hacer que sus circunstancias, en cooperación con el universo, manifiesten tanto dinero como el que necesite.

Del mismo modo, la ley de intención actúa basándose en su intención interior y se declara en cualquier circunstancia dada. El concepto es promovido por gurúes como Deepak Chopra, autor de *Las siete leyes espirituales del éxito*, quien explica la ley de intención de esta manera: "Inherente a toda intención y deseo yace el mecanismo para su propia realización".*

Estos preceptos mezclados de espiritualismo de la Nueva Era y el potencial humano tratan de enseñarle que usted puede tener cualquier cosa que desee. Esto hace que las personas crean que pueden controlar no sólo sus vidas, sino también realmente influir y controlar el universo.

Un estudio profundo de estas filosofías revela que la creencia en la capacidad de controlar al universo a partir de su propia fuente interna de poder es realmente otra forma de enseñar que todos los humanos son dioses.

El movimiento del potencial humano enseña que:

- Usted es el único capaz de controlar su propio mundo.

- Usted es su propia fuente de poder para que sus afirmaciones positivas sean eficaces.

---

* Deepak Chopra, *Las siete leyes espirituales del éxito* (San Rafael, CA: Amber-Allen Publishing, Novato; CA: New World Library, 1994).

En esto radica la falla de esas enseñanzas.

Las personas que están totalmente dedicadas a las afirmaciones positivas adoptan eso como un estilo de vida. Todo, desde el tipo de reloj que llevan, hasta la clase de coche que conducen y el vecindario en que viven, dicen algo acerca de lo que ellos son en su intento por "ponerse ahí". Todas estas cosas son por diseño específico para atraer la clase de éxito que desean. El reloj Rolex, "pone ahí" que son exitosos. El coche de ingeniería alemana "pone ahí" que tienen éxito. La casa de un millón de dólares en la que viven "pone ahí" que son millonarios. Aunque la compra del Rolex, el coche y la casa los estén llevando a la quiebra.

Estas enseñanzas no sólo afirman que somos responsables de lo positivo que se nos presente, también lo somos de lo negativo.

El problema es que todos, sin excepción, tenemos días difíciles. Todos tenemos días en que el viento no sopla nuestras velas y perdemos la fe. En esos días en que parece que no logramos tener todo resuelto o no mantenemos la calma, esas filosofías afirman que somos responsables de las cosas negativas que esos pensamientos y esos días deben sin duda atraer.

En la hoja de balance karma-cósmico de la vida, es imposible saber si todo su trabajo para "mantener la calma", sólo sonreír y mantener una actitud positiva ha sido suficiente para superar esos momentos fallidos de más debilidad.

En cuanto a los profesionales de las finanzas y la banca que yo tenía en mi red de contactos en Los Ángeles, ¿cómo responden ellos por los deteriorados mercados de valores e inversiones? ¿No se suponía que debían estar controlando eso o, cuando menos, controlando su propio universo para que sus propias cuentas no se vieran afectadas?

El problema con las afirmaciones positivas, la ley de intención y la ley de atracción es el siguiente: si nosotros somos nuestra propia fuente de poder para la eficacia de lo que el universo pone en nuestro camino, en algún momento todo se excede. No importa lo mucho que usted "lo haya puesto por ahí", el mal humor de su jefe o el deterioro de los mercados financieros globales no pueden posiblemente estar reaccionando a sus propios pensamientos y emociones. Ser su propia fuente de poder para hacer que el universo actúe a su favor y en beneficio suyo, como una prioridad de momento a momento, es demasiado. Demasiada presión. Demasiado estrés.

Esto es exactamente lo que comienza el ciclo de tener que "fingir", y fingir una actitud que le haga ser positivo le impide ser real y genuino.

Al final, el poder de las afirmaciones positivas es sólo un montón de aire caliente, y cuando usted tiene un día bajo o plano—o cuando las circunstancias que están fuera de su control comienzan a temblar—, entonces todo se viene abajo.

Sin embargo, dicho esto, hay algunas personas que han tenido éxito en esta filosofía y algunos han encontrado mucho éxito, y eso es debido a que los principios se basan en verdades bíblicas espirituales. Por ejemplo, Marcos 9:23 dice: "Si puedes creer, al que cree todo le es posible".

Así que el movimiento del potencial humano está aprovechando esas verdades bíblicas. Pero fallan porque se enfocan en el individuo como la fuente, el que tiene el control y, para aquellos que participan en el movimiento del potencial humano, este es un "camino que parece recto", de la misma manera que lo establece Proverbios 14:12 (NVI): "Hay caminos que al hombre le parecen rectos, pero que acaban por ser caminos de muerte".

Al final, el movimiento del potencial humano y las filosofías relacionadas con la Nueva Era, todos afirman que somos dioses. Este es el fin que conduce a la muerte.

Es más, la palabra *caminos* de Proverbios 14:12 en su original hebreo (*dérek*) significa "el camino del necio" o "el camino de la autoindulgencia".* Entonces, sería correcto leer el versículo de esta manera: "Hay camino que parece derecho al necio, hay una forma de autoindulgencia que parece correcta, pero su fin es muerte".

La diferencia entre los involucrados en el movimiento del potencial

---

* Sacred texts.com, "Proverbios Capítulo 14," http://www.sacred-texts.com/bib/cmt/barnes/pro014.htm, consultado el 1 de noviembre de 2013.

humano y lo que dicen las Escrituras, es básicamente dónde nosotros ponemos nuestra fe o en quién tenemos fe. La ley de atracción, la de intención y las afirmaciones positivas enseñan que en última instancia, usted es un dios capaz de controlar el universo y que usted es su propia fuente de poder para la eficacia de lo que logre alcanzar. Nadie más es capaz de ayudarlo o intervenir por usted o trabajar en su favor.

Entonces, ¿cuál es la diferencia en la Biblia? ¿Dónde debe el creyente buscar la fuente de poder de su fe?

Hebreos 11:1 nos asegura con esto: "La fe es la certeza de lo que se espera, la convicción de lo que no se ve", pero no basada en un mundo metafísico en el que se supone debemos tratar de controlar todo nosotros mismos, sino que se fundamenta en esta verdad de Hebreos: que Dios es y que administra su reino con amor y misericordia.

LA VERDADERA FUENTE DE PODER DE LOS DECRETOS

Aunque el movimiento del potencial humano y el espiritualismo de la Nueva Era colocan a cada individuo en el centro como su propia fuente de poder, como el único capaz de controlar o influir en el resultado de sus propios deseos y destinos personales, los creyentes tienen a Uno que influye mucho más fuerte, que está trabajando todas las horas de todos los días a favor de ellos.

Dos versículos proporcionan una distinción clara de la diferencia entre la forma en que las afirmaciones positivas funcionan y dónde yace la fuente de energía de los decretos falsos.

Jeremías 1:12

En Jeremías 1:12 el Señor está hablándole al profeta Jeremías y le dice:

> Porque yo estoy alerta para que se cumpla mi palabra.
>
> —NVI

Esto establece claramente que la fuente de poder para manifestar las promesas de las Escrituras no somos nosotros, no es el individuo, sino que es Dios. Dios en esta referencia es el Dios Todopoderoso. Jehová. El Creador. La fuente de vida, salud, fuerza, provisión, protección, abundancia y éxito. Y esta es otra razón por la que recomiendo los decretos de la Palabra de Dios, porque como nos dice aquí en Jeremías, Dios mismo está alerta [activo], velando por su propia Palabra, listo para llevarla a cabo.

Cuando hacemos decretos, no se trata de que nosotros cambiemos algo. No tenemos que ordenarle a un gran vacío universal que se mueva, cambie de dirección o haga cualquier cosa. Eso es demasiado grande para nosotros.

El beneficio, belleza y simplicidad de los decretos es que al expresarlos, nosotros no estamos buscando mover al universo, solo nos estamos moviendo nosotros mismos. Estamos haciendo que nuestros propios corazones, mentes, sueños, visiones y emociones se alineen y entren en acuerdo con la Palabra de Dios. Cuando pronunciamos los decretos audiblemente, le damos voz a esos decretos y entonces el mismo Dios está alerta, lo que significa que está vigilando, mirando y esperando que alguien active una promesa pronunciándola y poniéndose de acuerdo con ella. Cuando lo hacemos, Él está alerta, lo que significa que está activo y listo para poner esas palabras y esas promesas en acción.

Cuando le ponemos voz a su Palabra, es decir, cuando nos ponemos de acuerdo con Él y con su Palabra, entonces ¡Él la ejecuta por nosotros!

Salmo 103:20

El versículo 20, del Salmo 103, dice:

> Bendecid a Jehová, vosotros sus ángeles, poderosos en fortaleza, que ejecutáis Su palabra, obedeciendo a la voz de Su precepto.
>
> —RVR60

A los ángeles se les han dado instrucciones de Dios para que obedezcan la voz de su palabra. Así que, cuando nosotros decretamos la Escritura, ¡los ángeles son enviados para hacer la obra de su Palabra!

¡Este versículo nos quita toda la presión! No tenemos que responsabilizarnos de cada pensamiento negativo que corre por nuestras mentes. No somos responsables del curso de los mercados financieros mundiales. Simplemente somos responsables de leer y estar de acuerdo con la Palabra de Dios. Cuando hacemos eso, suceden dos cosas: los ángeles y Jehová mismo salen a ejecutar la obra y su Palabra.

Para aclarar, no estamos enviando ni ordenando a Dios y a sus ángeles como si fueran los genios de una antigua botella mística. Más bien, Dios ya ha establecido vida, gozo, paz, salud, unidad, armonía, abundancia, prosperidad, éxito, vindicación, justicia (y la lista pudiera seguir). Dios ha establecido todo eso para nosotros. Sus ángeles han sido asignados para dar los pasos necesarios para que esas cosas se manifiesten como nuestra realidad. Los decretos recitan verdad de acuerdo a la Palabra de Dios y por medio de ellos tocamos el infinito poder de la gloria divina.

> *El beneficio, belleza y simplicidad de los decretos es que al expresarlos, nosotros no estamos buscando mover al universo, solo nos estamos moviendo nosotros mismos.*

Todo lo que tenemos que hacer, finalmente, es ponernos de acuerdo con la Palabra de Dios, lo cual es luz verde para que Jehová y los ángeles hagan lo que han estado esperando por hacer toda nuestra vida. Así que, aunque las afirmaciones positivas reciten el deseo generado por uno y enfocado en uno, y declaren crearlo tocando el poder de la débil mente humana, los decretos recitan verdad de acuerdo a la Palabra de Dios, que como dice Filipenses 4:19, toca el poder infinito de la gloria divina.

Mi Dios les proveerá de todo lo que necesiten, conforme
a las gloriosas riquezas que tiene en Cristo Jesús.

—Filipenses 4:19, nvi

Otro poderoso aspecto en cuanto a decretar basado en la Palabra
de Dios es que cuando esta Palabra es hablada, es imposible que
caiga inerte y no produzca un cambio radical. Isaías 55:11 nos dice
que la Palabra de Dios no volverá vacía. En hebreo esta frase—"no
volverá vacía"—tiene un significado muchísimo más amplio de lo
que podamos imaginar. Veámoslo a continuación explicado plenamente de acuerdo al original hebreo:

> Así será mi palabra, que no será revocada
> ni volverá a mí vacía de obras fructíferas.
> No, porque te acompañará
>   con muchos regalos de oro y plata.
> Producirá, causará, efectuará, prestará atención,
> pondrá en orden, observará, celebrará, asignará,
>   ordenará e instituirá todo aquello que me place,
>   y todo aquello en lo que me agrado,
>   Y prosperará, avanzará, causará éxito
>   y hará rentable todo en lo que Yo (Dios) ponga mi
>   mano,
>   todo lo que Yo (Dios) suelte y envíe.

Eso es lo que significa que la Palabra de Dios no volverá vacía.
Este es el efecto por el que usted se pone de acuerdo cuando le da
voz a la Palabra de Dios, decreta con la autoridad de una orden judicial, aparta y separa todo lo que se oponga a ella.

Activación de las promesas de Dios en su vida

Hay muchas promesas en la Palabra de Dios: promesas para paz, seguridad, salud, prosperidad, justicia…la lista es interminable. Pero

para muchos de nosotros, la verdad de estas promesas no constituye nuestra experiencia diaria. Hay por desdicha muy pocos que pueden decir que la paz, la seguridad, la salud, la prosperidad y la justicia son la norma de su cotidianidad. ¿Por qué? En pocas palabras, frecuentemente la respuesta es porque todavía tenemos que activar esas promesas.

A menudo, hay cierta actitud general en cuanto a que si la promesa está escrita en la Biblia, entonces es para mí y puedo usarla al instante. Simplemente debe "suceder" o "ser". Sin embargo, vemos un claro ejemplo de la necesidad de "activarla" antes que podamos valernos de ella en cuanto a la promesa de la salvación. Romanos 10:9 nos enseña lo siguiente: "Si confiesas con tu boca que Jesús es el Señor, y crees en tu corazón que Dios lo levantó de entre los muertos, serás salvo" (NVI).

> *Los decretos recitan verdad de acuerdo a la Palabra de Dios y por medio de ellos tocamos el infinito poder de la gloria divina.*

Para poder participar, recibir, tener el beneficio, de ser salvo en realidad, hay una instrucción detallada en cuanto a qué hacer. Primero, confesar con su boca y segundo creer en su corazón. Confesar y creer son los activadores de esta promesa. Si no hubiera sido necesario "activar" la promesa de la salvación, entonces todo el mundo en todas partes se iría al cielo automáticamente sin tener que "ser salvo". Sin embargo, sabemos por las Escrituras que esto no es cierto. Por lo tanto, también sabemos que la promesa de la salvación debe ser activada, lo que ocurre al confesar con nuestra boca y creer en nuestros corazones.

Del mismo modo, las otras promesas de la Palabra de Dios pueden ser activadas confesando y creyendo. La palabra griega para *confesar* en Romanos 10:9 significa hablar y estar de acuerdo o asentir. Eso es exactamente lo que hacemos cuando decretamos. Expresamos y estamos de acuerdo con la promesa. Creemos que es cierto, creemos que es verdad para nosotros y creemos que es para nosotros ahora mismo. Cuando decretamos la Palabra de Dios, estamos activando sus promesas.

Precedente bíblico de los decretos

Cuando estaba reuniendo toda esta información, obviamente me sentí muy animada. Estaba ganando confianza en los decretos; pero había un par de cosas que todavía necesitaba tachar de mi lista, una de ellas era el precedente bíblico. También en este caso está ese riesgo ocupacional del abogado: la necesidad de un precedente. ¿En qué parte de la Biblia se nos enseña acerca de los decretos? Esto es muy importante para mí, ya que las Escrituras deben ser la base y fundamento de ello, de ahí la importancia de hallar decretos siendo usados y modelados.

El primer precedente que encontré en la Palabra está en Job 22:28:

> Determinarás [decretarás] asimismo una cosa, y te será firme, y sobre tus caminos resplandecerá luz.
>
> —RVR60

Como abogada, lo que me gusta de este versículo es el uso imperativo de la palabra *determinarás*, ya que tiene connotaciones legales. Por ejemplo, si yo redacto un contrato para un cliente y quiero indicar que determinada acción es opcional, utilizaría expresiones como "él puede" o "él puede que". Pero si lo que quiero es asegurarme de que se requiera una acción determinada, usaría "hará [tal cosa]", porque eso indica que es obligatorio y no puede ser evitado ni ignorado.

Para mí fue un momento revelador cuando vi el uso de la palabra *determinarás* [*decretarás*] en este versículo. Job 22:28 no nos está diciendo que los decretos son una buena idea o sólo una práctica inteligente en general. Debido al uso de la palabra *determinarás*, en realidad, se nos instruye, requiere y ordena decretar.

Eso lo cambia todo, ¿no es así? Esto no es sólo la nueva, más reciente y mejor herramienta: "Los decretos: la última moda en la iglesia". No. Dios requiere que los usemos; esos decretos vienen con una gran promesa. No es que estemos haciendo decretos y cruzando los dedos, esperando que nuestros deseos se hagan realidad. Dios nos promete que cuando lo hagamos, las cosas "serán firmes [o estables]". Una vez más, vea la importancia de esa palabra. Él nos está prometiendo y establece como obligatorio en el reino espiritual, que cuando decretemos algo, eso sea estable.

Y como nota al margen, aunque el significado de la palabra *firme* [o estable] es lo que podríamos esperar también significa—para efectos de esta enseñanza—"reconstruir" en relación a ruinas.

Me gusta esto porque sentía como que algunas áreas de mi vida estaban en ruinas o a punto de estarlo. Este versículo me animó, diciendo que si yo decreto sobre esas áreas de mi vida y las llamo a que se alineen y estén de acuerdo con la Palabra de Dios, esas cosas serán firmes [o estables], ¡serán reconstruidas!

Y aquí está el último aspecto de este versículo de Job. La última parte dice: "Y sobre tus caminos resplandecerá luz". Este versículo no está hablando de luz solar; no está diciendo que va a ser "un día feliz, brillante, resplandeciente". En hebreo, esta palabra es importante y significa todas esas cosas.

Cuando decretamos una cosa, entonces es establecida y reconstruida para nosotros, la…

- Luz de la vida de Dios
- Luz de su instrucción
- Luz de su prosperidad
- Luz de su presencia
- Luz de la verdad
- Luz de justicia
- Luz de su justicia

...resplandecerá, iluminará, aclarará y orientará nuestro carácter moral. Nos hermoseará y traerá felicidad a nuestras vidas.

El segundo versículo que encontré cuando buscaba un precedente bíblico fue Salmo 2:7: "Yo proclamaré el decreto del Señor: 'Tú eres mi hijo', me ha dicho; 'hoy mismo te he engendrado'" (NVI). Este versículo de los Salmos se escribió probablemente acerca del rey David, sabemos que también era una imagen del Mesías. Pero independientemente de ello, lo que vemos es que se trata de un decreto del Señor. El Señor ha hecho un decreto.

Esto es importante debido a Efesios 5:1 que nos dice que debemos ser "imitadores de Dios" (RVR60). Así que si Dios ha hecho decretos, y queremos ser imitadores de Él, entonces nosotros debemos decretar también.

El tercero y último grupo de versículos que hallé en la búsqueda de precedente bíblico de los decretos fue el Salmo 23, el famoso capítulo que dice que "Jehová es mi pastor". Al leerlo, me di cuenta de que en realidad está escrito en forma de decreto. Lea este Salmo ahora con una nueva perspectiva y recíbalo como un nuevo decreto sobre su vida:

> Jehová *es* mi pastor;
> *Nada* me faltará.
> En lugares de delicados pastos me hará descansar;
> > Junto a aguas de reposo me pastoreará.
> Confortará mi alma;
> > Me guiará por sendas de justicia
> Por amor de su nombre.
> Aunque ande en valle de sombra de muerte,
> > No temeré mal *alguno*, porque tú *estarás* conmigo;
> Tu vara y tu cayado me infundirán aliento.
> Aderezas mesa delante de mí en presencia de mis angustiadores;
> > Unges mi cabeza con aceite;

Mi copa está rebosando.

Ciertamente el bien y la misericordia me seguirán
   todos los días de mi vida,
   Y en la casa de Jehová moraré por largos días.

—RVR60, ÉNFASIS AÑADIDO

Cuando pronunciamos decretos, estamos creando un cielo abierto, cielo que desciende a la tierra. Esto significa que las verdades celestiales se convierten en nuestra experiencia natural y nuestra realidad en la tierra. El propósito de decretar la verdad de Dios sobre nuestras vidas es manifestar la voluntad suya para nosotros desde el cielo a la tierra.

Curiosamente, la frase bíblica "el reino de los cielos" o "Reino de Dios" en pasajes como Mateo 6:10 y Marcos 1:15 también pudieran traducirse como la "esfera del gobierno de Dios". Es ese reino donde las maneras de Dios de hacer las cosas suceden.

El tiempo en el griego también lo describe como una esfera presente de dominio y no un reino futuro. Esto es revolucionario para los creyentes. Durante demasiado tiempo, la creencia ha sido que todas las promesas de Dios se convierten en nuestra verdad sólo cuando morimos y vamos al cielo. Por ejemplo, en el cielo no hay más lágrimas y no más enfermedad; en el cielo tendremos justicia. Por contraste, el idioma original griego nos muestra que el Reino de Dios es tiempo presente. Las promesas de Dios están disponibles ahora. Por eso, Jesús nos enseñó a orar "Venga tu reino, hágase tu voluntad en la tierra como en el cielo" (MATEO 6:10, NVI). Las promesas de Dios, sus planes y sus propósitos son para nosotros *ahora*.

Esto se confirma en Mateo 10:7, donde Jesús, comisionando a sus discípulos, les dice: "Dondequiera que vayan, prediquen este mensaje: 'El reino de los cielos *está cerca*'" (énfasis añadido). La frase "está cerca" es de la palabra griega *engizo*, que significa acercar o unir. Jesús anuncia que su reino está (tiempo presente) cerca o unido a nosotros cuando entramos en relación con Dios. Por lo tanto, todos los beneficios de estar en Cristo no sólo están disponibles en el cielo, sino que también lo están para nosotros ahora y, de hecho, ya están unidos a los que creen en Él.

Entonces, el propósito y el poder de los decretos es ver el Reino de Dios manifestado en nuestras vidas, como está en los cielos. Los decretos, basados en la Palabra de Dios, nos llaman a alinearnos y a estar de acuerdo con Él, y de esta manera:

1. Renovarán su mente

2. Cambiarán su ambiente

3. Traerán el cielo a la tierra

Este es el poder de los decretos.

RENOVARÁN SU MENTE

En Romanos 12:2 encontramos que debemos ser "transformados mediante la renovación de su mente" (NVI). Cuando usted decreta la Palabra de Dios, está hablando verdad y la verdad corregirá su forma de pensar. Por ejemplo, puede sentirse desanimado, pero cuando se pone de pie y decreta en forma audible con su voz: "Ninguna arma forjada contra [mí] prosperará" (Isaías 54:17, RVR60), hay un efecto visceral en el reino espiritual, algo como un rayo entre nubes tormentosas.

Esas palabras desgarran las oscuras nubes opresoras del enemigo. Ellas lo apartan a usted para la victoria e imponen la irrevocable derrota a su enemigo. La verdad despierta su mente para que piense en forma correcta. El decreto inspirado en el Salmo 148:13 es muy bueno para cuando otros tienen una forma de desanimarlo y usted necesita restablecer su propio pensamiento:

> Mi vida, carácter e integridad resplandecen
> brillantemente
> Porque Él es la fuente de todo lo que soy.

Incluso si luzco tonto ante otras personas, ¡no me
   importa!
Disfrutar de su presencia es demasiado para contener.

Lo que Él es, supera cualquier pensamiento que mi
   mente mortal pueda evocar,
Su reino es inaccesiblemente alto y, sin embargo, Él
   mora en mi corazón.

Él es y es la fuente de protección, riquezas, seguridad y
   prosperidad.
No hay enemigo que pueda poner en peligro su
   reinado.

Él es belleza. Él es frescura. Él es novedad.
Él es brillantez. Él es luminosidad. Él es luz. Él es y Él
   es mío.

CAMBIARÁN SU ENTORNO

Los decretos no sólo renuevan nuestras mentes, sino que también
cambian, literalmente, el ambiente que nos rodea y tienen la capacidad de afectar a las personas con las que trabajamos, la tienda de
comestibles donde compramos, los caminos que transitamos y las
casas que habitamos.

Al principio puede ser difícil entender el impacto que los decretos
tienen en el entorno, pero todos hemos experimentado el efecto en
el ambiente que la negatividad puede producir. ¿Cuántos de nosotros
hemos entrado en una habitación donde está otra pareja y sin oír ni
saber nada de su conversación o cualquiera de las circunstancias, uno
tiene cierto entendimiento instantáneo de que no todo anda bien, de
que una persiste pelea y de que lo que uno desea es salir de allí lo antes
posible.

De la misma manera que las palabras negativas pronunciadas en un ambiente pueden tener un efecto literal y físico, así también puede el poder positivo de los decretos afectar el ambiente que nos rodea.

Traerán el cielo a la tierra

Los decretos basados en las Escrituras dicen cosas como: "Estoy bendecido y camino en prosperidad". Sin embargo, usted puede mirar a sus circunstancias y decir: "Pero no estoy realmente caminando en prosperidad". Incluso puede preguntarse: "¿Es mentira, es una ilusión o es una especie de autoengaño decretar cosas que uno no está realmente experimentando?".

Es entonces cuando tenemos que entender el papel y propósito de los decretos. Los decretos son una herramienta mediante la cual expresamos las promesas de Dios del reino celestial al reino terrenal natural para que se conviertan en nuestra realidad.

En Mateo 6:10 se nos enseña en la oración del Señor a orar: "Venga tu reino, hágase tu voluntad en la tierra como en el cielo". Cuando hacemos decretos, estamos alineándonos y poniéndonos de acuerdo con el reino del cielo y ordenando que venga.

Nuestras circunstancias pueden decir "vivir de cheque a cheque", pero la verdad de la Palabra de Dios es que Él provee nuestras necesidades conforme a sus riquezas en gloria (Filipenses 4:19). Así que, cuando usted está pagando sus cuentas y parece que sigue quedando corto, decrete sobre sus cuentas y su chequera lo siguiente: "¡Él provee todas mis necesidades conforme a sus riquezas en gloria!"

A continuación tenemos un decreto inspirado en Filipenses 4:19, que fue escrito incorporando todos los matices del original griego:

> Pero, mi Dios, *hará*, está obligado, lo ha hecho mandatorio sobre sí mismo, llenar el vacío, satisfacer mi necesidad, abastecer abundantemente, provocar crecimiento, florecer y proliferar, y hacer realidad todo lo que necesito para mi jornada, conforme a sus riquezas, patrimonio y abundancia de posesiones externas, su excelencia, majestad y perfección absoluta.

Decrete ese versículo antes de comenzar a pagar sus facturas. Decrételo cuando llene su tanque de gasolina. Decrételo cuando le dé propina—generosa—al mesero o a la persona que le trae la pizza a domicilio. Decrete ese versículo cuando la lavadora se rompa de nuevo.

Su mente será tan vivificada por el Espíritu de Dios y su espíritu de verdad, que se renovará de manera tan radical y completa, que le será difícil recordar por qué no pudo creer en su provisión antes.

Usted también cargará al ambiente con la verdad que creará un cielo abierto. Ese portal abierto del cielo le seguirá a usted y se extenderá a todo su ámbito de influencia, afectando a las personas que le rodean.

Cuando usted lleva este ambiente con cielos abiertos a todas partes, hasta su lugar de trabajo comienza a cambiar. Si la empresa para la que usted está trabajando está fracasando, transfórmela con simplemente llevar su mente renovada y ese portal abierto al reino de los cielos. ¡Ese es el poder de los decretos!

- Los decretos son declaraciones audaces de verdad, visión y propósito.

- Los decretos llevan la autoridad de una orden judicial, por lo que cualquier cosa opuesta a la verdad decretada no tiene nada más que decir.

- Los decretos separan, dividen y lo apartan a usted para el reino de los cielos.

- Los decretos cortan y destruyen todo lo que se proponga en su contra.

- Los decretos cortan y destruyen todo lo que se proponga en contra de la bendición de Dios para usted.

- Los decretos imponen una derrota irrefutable sobre el enemigo.

- Los decretos renuevan su mente.

- Los decretos cambian su entorno.

- Los decretos crean un cielo abierto que irá con usted a todas partes.

- ¡Los decretos le impulsarán a su destino!

ALINÉESE

También lo animo a empezar el día con un alineamiento espiritual. He estado haciendo este sencillo ejercicio de alineamiento durante años.

Así como en tierra fértil, todos los elementos apropiados proporcionan el entorno adecuado para la alta fecundidad, la alineación correcta de nuestro espíritu, alma y cuerpo proporcionan el mejor entorno para la productividad máxima de las palabras que decimos.

Aquí tenemos el simple ejercicio que utilizo:

> *Hablo a mi espíritu: Levántate, toma tu posición adecuada. Guíame como cabeza de mi ser, sometido sólo al Espíritu Santo. Hablo a mi alma—mi mente, mi voluntad y mis emociones—, sujétate a mi espíritu, sometido al Espíritu Santo, en alineación adecuada con el reino. Hablo a mi cuerpo: sométete a mi espíritu, sujeto al Espíritu Santo, en alineación adecuada con la salud y el reino, en el nombre de Jesús.*

Cada vez que hago esto, puedo sentir realmente un cambio físico y espiritual. Es impresionante.

¡HÁGALO! ¡VÍVALO! ¡SÉALO!

Las siguientes páginas contienen decretos inspirados por Salmos seleccionados. Léalos en voz alta. Ordénelos en su vida y sobre la vida de las personas de su hogar. Reclámelos para sus negocios y para toda su esfera de influencia.

Al hacerlo, usted:

1. Ordenará los propósitos y promesas de Dios sobre usted con la autoridad de una orden judicial.

2. Hablará con el conocimiento de que el enemigo está siendo cortado y sus planes están siendo arrancados de su vida.

3. Renovará su mente con la verdad en cuanto a la presencia y la influencia de Dios en su vida diaria.

4. Verá el reino de Dios manifestado en su corazón, su casa y su vida, porque esta es nuestra oración verdadera: "Venga tu reino, hágase tu voluntad en la tierra como en el cielo".

PRIMERA PARTE

Decretos inspirados en los Salmos

Escribir estos decretos fue labor que se inició de modo muy sencillo. Ya había establecido el precedente bíblico para los decretos, aclaré el límite entre decretos bíblicos y afirmaciones positivas, y sabía que quería decretar la Palabra de Dios. Sin embargo, cuando comencé a escudriñar la Biblia para hallar versículos que abordaran áreas específicas de necesidades en mi vida (como paz, salud, libertad financiera, victoria espiritual, éxito en los negocios, etc.), también empecé a estudiar el idioma hebreo antiguo. Me sorprendió la cantidad de revelación que conseguí al ver más allá de la traducción al inglés. Con demasiada frecuencia, las palabras inglesas limitan la profundidad transmitida en el original hebreo.

Por ejemplo, en el Salmo 40:1, está escrito: "Se inclinó a mí, y oyó mi clamor". Esa es una imagen hermosa. Pero hay un significado más profundo en las palabras *inclinó* y *oyó* que permanece oculto para el lector. En el decreto inspirado en el Salmo 40:1-4, he utilizado el significado completo del hebreo para que nos permita decretar la plena revelación de este versículo. Esto es lo significa plenamente que Jehová "se incline y oiga nuestro clamor":

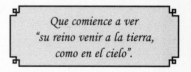

Que comience a ver "su reino venir a la tierra, como en el cielo".

¡En cualquier momento Jehová se abrirá paso! Él está inclinado a moverse a mi favor. En efecto, ¡Su intención es hacerlo!

Con interés, atento, ¡Jehová oye y está de acuerdo conmigo! ¡Él accede a mi petición y me concede mi solicitud!

Jehová me ha elevado, me ha aumentado, ¡y me ha hecho vencer! Me eleva en la corriente de su fuerza y su seguridad.

Los siguientes decretos son resultado de mi investigación en cuanto a cada uno de esos salmos y el conocimiento cosechado al estudiar el idioma original hebreo. Cada pasaje revela un decreto poderoso, alentador y transformador de vida.

A medida que usted decrete, vea cómo se transforma su vida. Usted va a activar y a entrar a ese ámbito divino de tal manera que Mateo 6:10 se convierta en una realidad en su existencia y comience a ver "su reino venir a la tierra como en el cielo".

———*1*———

Soy bienaventurado
(Salmo 1)

¡Decreto que soy bienaventurado!

Soy bienaventurado cuando camino, cuando me paro y cuando me siento. Soy bienaventurado cuando estoy trabajando, cuando me tomo un momento para hacer una pausa y cuando pongo mis pies en alto para descansar.

Soy bienaventurado cuando estoy trabajando porque no planeo mis caminos de acuerdo con el consejo de los impíos. Cuando me detengo a meditar, no pienso en los caminos del pecado ni considero su fruto. Cuando descanso, no dejo que mi mente divague entre el sarcasmo y el burlarme de otros.

Al contrario, camino en las sendas del Señor, regido por el fruto de su Espíritu. Me siento, contemplo los caminos de piedad y me relajo en el amor.

Mi deleite está en los caminos del Señor, en su guía, su instrucción; y en su ley medito de día y de noche.

Soy como árbol plantado firmemente en las corrientes de agua. Estoy fuerte y bien nutrido. Produzco mi fruto en su tiempo. Mis negocios no fallan, no sufro fallos en la salud ni en la justicia. Mis hojas no se marchitan, sino que están saludables todo el año.

Y prospero en todo lo que hago.

El Señor conoce mis caminos, porque los míos son sus caminos. Yo soy la justicia de Cristo. Nunca pereceré ni mis descendientes o nuestra herencia.

2

PERSPECTIVA CELESTIAL
(Salmo 2)

YO DECRETO:

Dios es mi Padre. Yo soy su heredero.

Él se sienta en los lugares celestiales, en paz, conquista sus enemigos.

Estoy sentado con Cristo en los lugares celestiales, en paz, con mis enemigos conquistados.

Yo mantengo esta mentalidad y esta perspectiva celestial todo el día.

¡Dios mora en los cielos y se ríe!

Se ríe de lo grotesco de sus enemigos conquistados, porque son impotentes delante de Él.

Yo me siento con Él, confío en Él y me río de mis enemigos.

Cuando el día parece que va en mi contra—que no hay suficiente tiempo, que no duermo lo suficiente—, me río.

El gozo del Señor es mi fortaleza.

Cuando las personas con las que trabajo entran en confusión y falta de comunicación, me río.

El favor del Señor es mi escudo.

Cuando mi casa está alborotada y las emociones están en su apogeo, me río.

El amor del Señor cubre multitud de pecados.

Mi camino es seguro y mi sendero es claro, porque el Reino de Dios no puede ser estremecido.

Los planes de Dios para mí están establecidos—como el alfarero que moldea el barro y lo hornea de modo que se cuaja y se hace firme—, así es mi vida moldeada por Él, cuajada y quemada con el fuego de su presencia.

Mi corazón está maravillado por mi Dios, cuyos enemigos han sido destrozados por Él.

Medito en su potencia, en su poder y me lleno de santa reverencia por Él.

Todo mi ser tiembla con una mezcla de gozo y temor al contemplar su santidad.

Con este Dios estoy a salvo y seguro.

Con este Dios puedo reírme de lo que venga a mi camino.

Mi hálito es el aliento mismo del Dios vivo.

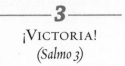

3

¡VICTORIA!
(Salmo 3)

YO DECRETO:

Estoy protegido. Estoy rodeado. Jehová sostiene mi escudo. Él es mi escudo.

Mi cabeza se eleva por encima de todos mis problemas. Miro todas mis actividades diarias desde arriba y veo que son ordenadas. La paz llena mi alma.

No tengo que preocuparme por defender mi propio nombre. Mi reputación y mi dignidad son guardadas seguras en Jehová Kavod, que es el Dios de toda gloria. Mi gloria y honor pertenecen por completo a Él.

Todas mis oraciones, clamores y preocupaciones son escuchados por Él. Todas mis oraciones, clamores y preocupaciones son contestados por Él. Él es fiel a mí.

Los que están contra mí, ¡no me afectan para nada! No les temo. El Señor me sostiene. Soy revivido y refrescado con sólo declarar su nombre.

La salvación, la liberación, el bienestar, la prosperidad, la bendición, la paz y la victoria, todo ello me ha sido dado como regalo del Señor. Son míos. Los disfruto y poseo en cada momento del día.

4

LA REIVINDICACIÓN DEL SEÑOR
(Salmo 7)

YO DECRETO:

Lo más importante acerca de Dios es que puedo confiar en Él. Su plan eterno me protege, su amistad me vindica y su presencia es mi refugio seguro y tranquilo.

Estoy liberado de todas las insensateces de las prioridades mundanas. Sólo Él es mi meta. Lo persigo sólo para disfrutar de Él.

Jehová, ¡te doy el más alto lugar de mi corazón! Tú estás establecido como el soberano sobre las generaciones de mi familia. Estás por encima de todo. Y ratifico tus promesas sobre mi familia.

La justicia del Señor siempre gana. Su justicia está establecida por encima de mi vida. Los derechos y los privilegios del reino de los cielos son míos.

La liberación, la victoria y la prosperidad son decretadas para mí. Él las ha puesto en posición y las ha establecido. El tiempo de avance es ahora.

——5——
CORONA DE GLORIA
(Salmo 8)

Yo decreto:

Dios, tu nombre y tu renombre ¡son poderosos en la tierra!

Mas, ¿quién soy yo para que tengas de mí memoria? Hecho de nada más que barro y polvo, no obstante, ¡me coronas con tu propia gloria! Me invistes de abundancia, riqueza y dignidad.

Dios, tu nombre y tu renombre ¡son poderosos en la tierra!

——6——
¡ASOMBRADO POR DIOS!
(Salmo 9)

Yo decreto:

¡Estoy asombrado! ¡Me siento muy orgulloso del Señor! ¡Y canto alabanzas a su nombre!

Porque Él ha mantenido mi causa justa. Cualquier situación que surja en mi contra es desviada muy lejos antes de que me alcance.

Jehová Dios permanece para siempre. Él es mi fortaleza. Mi confianza está segura en Él. Para Él es imposible olvidarme.

El Eterno es misericordioso para conmigo. Él me levanta de la desesperación. Soy colocado muy por encima de todos los demás para que pueda declarar su bondad.

¡Estoy asombrado! ¡Me siento muy orgulloso del Señor! ¡Y canto alabanzas a su nombre!

——7——
RECOMPENSADO POR SIEMPRE
(Salmo 10:16-18)

YO DECRETO:

Desde la antigüedad hasta la eternidad, desde antes de todas las cosas hasta mucho después de todas las cosas, Jehová es. Jehová es Dios. Jehová reina.

Las naciones y las generaciones han ido y venido, gobernantes y líderes se han levantado, pero ninguno ha perdurado; no hay otros que se resistan el paso del tiempo.

Los hombres con ambición terrenal y tácticas codiciosas son erradicados, pero los que no tienen condición legal ni medios en sí mismos son reivindicados para siempre y afirmados en el juicio de sus acusadores.

Aunque los hombres orgullosos y vanos son deshonrados por Él, los que son humildes, los que muestran aguante paciente y son amables, a estos premia con larga vida y los deseos de su corazón.

——8——
LIBERADO Y PROSPERADO POR EL SEÑOR
(Salmo 12:5-7)

YO DECRETO:

Ahora, en este mismo momento, ¡Jehová toma el control!

Por todas las formas en que he sufrido devastación súbita, Él toma mi mano y arrasa a los que despotrican contra mí.

Ahora, en este preciso instante, ¡Jehová afirma su autoridad!

Por todas las formas en las que he sido saqueado y robado, donde mi riqueza ha sido arrancada de mi linaje con violencia, Él pone las cosas en orden y humilla a los que me agarran y me atrapan.

Ahora, incluso mientras hablo, ¡Jehová está de pie contra mis enemigos!

Por todas las maneras en que he sido objeto de opresión y abuso, me pone en un trono, a salvo de oprobio y vergüenza.

Ahora, incluso ahora, ¡Jehová está de pie y lo seguirá estando para establecerme!

Por todas las maneras en que he lamentado, gemido y clamado por liberación, ¡Él me corona con victoria y establece mi salvación y prosperidad!

¡Esta es la promesa de Jehová para mí!

Sus palabras habladas sobre mí son puras y sencillas. Puedo llevarlas al banco. Él las llevará a cabo.

¡Este es el pacto de Jehová conmigo!

Este decreto sobre mí está limpio y sin diluir. Él me va a preservar y proteger a mí y a los míos, de generación en generación para siempre.

9

¡ÉL NO ME HA OLVIDADO!
(Salmo 13)

¡Yo DECRETO que Jehová no me ha olvidado!

Aunque escondió su rostro de Moisés en la hendidura de la peña, rasgó el velo del templo y me acoge en su espacio íntimo, donde veo su rostro, contemplo su mirada y lo adoro.

No soy abandonado a mis propias emociones, ni estoy privado de consejo. No tengo espacio en mi corazón para el dolor, ya que está lleno de su presencia. Mis enemigos no pueden exaltarse a sí mismos porque el pie de Él está en sus cuellos.

El Señor tiende su mirada y me mira con deleite. Yo soy su gran búsqueda y su placer más profundo. Desde antes de la fundación del mundo, Él ha tenido su ojo sobre mí.

Sus oídos están entrenados para escuchar mi clamor. Él espera y escucha con anhelo por mí. No sólo escucha, no sólo contesta, sino que también concede lo mejor de sí. La abundante provisión de Jehová es traída directamente a mi lado.

La luz de su rostro cambia la atmósfera alrededor de mí, establece sus caminos, su justicia, su fidelidad, su gloria. Mi corazón y mi vida brillan con el resplandor de su eterna y justa delicia.

Aunque el camino no siempre es claro, nunca languideceré. Mi confianza está segura, mis pasos firmes. El enemigo tiembla mientras camino. Estoy a salvo en su bondad inquebrantable. Estoy seguro en sus eternos brazos.

Él me ha persuadido por su misericordia divina y favor sin fin. Estoy sin preocupaciones en su misericordia; temerario en su alegría y abandono. Solo Jehová es la fuente de mi recompensa. Solo Jehová es mi recompensa.

—10—
CARÁCTER PIADOSO
(Salmo 15)

YO DECRETO:

Elijo el carácter de Dios como propio: integridad, justicia, verdad. Son como mi pase tras bastidores a la tienda privada de Dios. Gracias a ellos, puedo vivir con Él en santidad.

Asumo mi postura en contra de las mentiras, no voy a hablar mal de otros a sus espaldas, ni voy a ser crítico con mis amigos. Elijo tener ojos tiernos para ver a los demás. Tengo un corazón blando y entiendo que ellos también están en su camino.

Temo al Señor y honro a otros que hagan lo mismo. Tengo dominio propio y mantengo mis emociones bajo control, no permito que ellas me gobiernen. Soy responsable de mis actos y asumo la responsabilidad de mí mismo.

Soy rápido para ser generoso. Me encanta dar a los demás y no esperar nada a cambio. No deseo aprovecharme de la pérdida de otras personas.

Puesto que mantengo un carácter piadoso, nunca seré estremecido.

———11———
Los caminos de Jehová
(Salmo 19:2-9)

Yo decreto:

La ley de Jehová es perfecta, me convierte el alma.

La instrucción de Jehová es sensata, refresca mi voluntad.

La dirección de Jehová es completa, guía mi deseo.

Los caminos de Jehová están llenos de integridad, restauran mi carácter.

El testimonio de Jehová es fiel, me hace sabio aunque sencillo.

El testimonio de Jehová es fiable, me hace astuto aunque ingenuo.

Los mandamientos de Jehová son rectos, me alegran el corazón.

Los preceptos de Jehová son rectos, fortalecen mi valor.

Los principios de Jehová son directos, traen alegría a mi corazón.

El carácter moral de Jehová es recto, trae paz a mi conciencia.

Los principios de Jehová son agradables, hacen feliz a mi hombre interior.

La orden de Jehová es justa y apropiada, organiza mis hábitos.

El precepto de Jehová es puro, me alumbra los ojos.

La comisión del Señor es clara, ilumina mi visión.

La instrucción del Señor es imparcial, dirige mi voluntad.

El mandato del Señor es sincero, ilumina todo mi ser.

El código de la sabiduría de Jehová es sensato, refuerza mi mente.

El temor de Jehová es limpio, permanece para siempre.

El respeto de Jehová es moral, permanece por la eternidad.

La reverencia por el Señor es ética, continúa más allá del tiempo.

La piedad ante Jehová es apropiada, firme a perpetuidad.

Los juicios de Jehová son completamente verdaderos y justos.

La justicia de Jehová es divina, reivindica totalmente.

Los privilegios de Jehová continúan, reparando y haciendo el bien.

Las decisiones de Jehová son justas, salvando a todos.

El Señor es Dios.

12
CUMPLO MI PROPÓSITO
(Salmo 20)

Yo decreto:

¡El Señor escucha claramente mi petición y grita su respuesta! Como un grito de batalla de victoria desde lo alto, el Señor declara su respuesta. Soy exaltado con Él debido a su defensa.

Él me coloca por encima en seguridad; me pone por encima en prosperidad. En los lugares altos, fuera del alcance de mi preocupación, el Señor me levanta y me sienta con Él.

En tiempos de problemas, en el día y la misma hora de mi clamor, el Señor escucha mi voz y conoce mi nombre. Su respuesta llega rápidamente, con toda seguridad y resuena desde la eternidad.

Su sabiduría es como un asidero seguro en un acantilado empinado. Su presencia convierte un camino estrecho en un espacio amplio y relajante; donde hubo disturbios, ahora es un lugar de refrigerio para mi alma.

Estoy abrumado. Temblando y vibrando en lo profundo de mi ser, la fuerza de su liberación desplaza los reinos, estremeciendo el espíritu y el alma.

Su ayuda me traslada a altos lugares de ¡salvación, prosperidad y victoria!

El Señor me concede el deseo más genuino de mi corazón. Su respuesta a mi clamor viene con una abundancia perfecta, completa. Jehová me consagra en mi propósito de tal manera que no puedo dejar de cumplirlo.

13
Qué misterio
(Salmo 21)

Yo decreto:

Jehová, el Eterno, el Creador, aquel que era en el principio, aquel que ha hecho todo posible, no ha retenido nada bueno de mí.

Las palabras no pueden expresar correctamente la profundidad de mi paz, ni soy capaz de describir a plenitud la felicidad, la alegría, que he llegado a conocer.

Qué maravilla. Qué misterio.

El tamaño de su mano ayudadora, la rapidez de su socorro, la seguridad de su devoción, la verdad de que soy su deleite es demasiado grande para mi entender.

Su corazón es para mí. Su propósito soy yo.

Porque Jehová ha firmado la escritura y el título de propiedad para mí. Ha completado el regalo y me lo ha confiado; de hecho, ha ordenado los deseos de mi corazón.

Deténgase y piense en eso.

14
Jehová es mi pastor
(Salmo 23)

Yo decreto:

El Señor Jehová es mi pastor. Nada me faltará. Él me hace descansar y reposar en verdes pastos y lugares abiertos.

Él me conduce hacia aguas tranquilas. Sus caminos son tranquilos, restauran mi alma. Él me guía tierna y suavemente a caminos de pensamiento correcto, sentimientos correctos y conducta correcta.

Aunque ande por los valles, a través de sombras y lugares oscuros, no tengo nada que temer, y el temor no tiene lugar en mí, porque el Eterno está conmigo.

Su vara de autoridad y su cayado de guía protectora me consuela y conforta, me trae descanso. A plena vista de mis enemigos y de aquellos que se colocan en mi contra, Él establece mi defensa y muestra sus armas para la victoria.

El mismo Señor Jehová me unge. Mi mente, voluntad y mis emociones son inundadas con su Espíritu. Su bondad y tierna compasión me persiguen, haciendo que florezca en cualquier época de mi vida.

Hago mi casa dentro de los aposentos internos, privados, de Jehová mismo.

Dentro de la seguridad de su aposento personal, estaré siempre.

———*15*———
EN CASA Y EN PAZ CON EL SEÑOR
(Salmo 23)

YO DECRETO:

El Señor, el Creador de todas las cosas, el Divino, ¡es mi protector! Él cuida de mí con mucho cuidado, siempre con placer a su vista. Todo lo que necesito ya está en sus manos, ¡Él me lo da generosamente! Mi despensa nunca se agota, mi tanque de gasolina siempre está lleno y puedo dar propinas generosas. Mi espíritu se eleva todo el día. Mi corazón nunca está pesado.

Yo vivo en un estado sereno, tranquilo y confiado. Su descanso es siempre nuevo y fresco. En medio del día puedo cerrar los ojos y sentir la frescura de su presencia; Él es mi oasis.

Cuando mi mente está exhausta, Él me vuelve a mi yo más fuerte. Cuando mi paciencia es probada, establece su voluntad en lugar de la mía. Cuando mi integridad es puesta a prueba, sus caminos siempre prueban mi carácter. Al igual que el intercambio de monedas, recibo la fuerza y la vitalidad a cambio de mi cansancio.

Aun cuando mi jornada me lleve a través de la angustia, el peligro o el miedo, mis pensamientos y mis emociones son estables. No dejo ningún espacio en absoluto para el mal, la miseria, la angustia, porque el Señor mismo protege y se venga por mí.

Su dirección siempre me lleva a un lugar seguro.

El Señor establece los detalles de mi defensa y apaga todos los argumentos en mi contra. Él es el que aplica valor a mi vida. Al igual que la preparación de la mesa de un banquete real, su cuidado y atención a los detalles se enfocan en mi beneficio. El Señor endereza, ordena y organiza mi vida.

Mi cabeza es ungida por el Señor. Su unción me bendice incomparablemente. Toda mi vida se desborda con su presencia y su bondad. Su Espíritu me da vida en todas las cosas. Mi casa y mi vida se desbordan tanto, que puedo realmente disfrutar compartiendo todo lo que tengo.

La bondad, el favor, la excelencia, la prosperidad, la felicidad, la compasión, la gracia y la belleza me siguen y me asisten como mis ayudantes a lo largo de toda mi vida.

Me quedaré y estaré en casa con el Señor siempre. El Señor, el Creador de todas las cosas, el Divino, ¡Él es mi protector!

——16——

La tierra es del Señor
(Salmo 24)

Yo decreto:

La tierra es de Jehová, toda la tierra y todo lo que contiene:

- Los continentes con sus naciones, las naciones con sus pueblos

- Las montañas con sus cuevas, las cuevas con sus tesoros

- Los prados con sus árboles, los árboles con su fruto

- El suelo con sus semillas, las semillas con sus cultivos

El mundo es de Jehová, todo el ámbito de la creación y todo lo que contiene.

——17——
CONFÍO EN TI
(Salmo 25)

Yo DECRETO:

Traigo a ti, oh Jehová, la parte más profunda de mí mismo, la esencia misma de mi vida y mi aliento, el más secreto de mis deseos y esperanzas levanto a ti, para que lo tengas y lo lleves en mi nombre.

Confío en ti. Me atrevo a tener confianza y ser audaz en cuanto a lo que espero de ti. Tan seguro estoy en ti, hasta la temeridad, porque no me decepcionas ni me avergüenzas.

Reconozco tu forma de operar y a donde te diriges. Tus instrucciones me mantienen en curso. Sigo tu verdad, tu libertad y soy establecido. Así que, camino en seguridad, victoria y prosperidad.

Siempre estás consciente de la compasión y la ternura, recordándolas más que los errores de mis primeros años. Tú me riegas con sabios consejos y estableces un fundamento de intimidad. Tu pacífico tratado de amistad es mi lugar seguro.

Mis deseos, esperanzas, pasiones, sueños y destino están ricos, creciendo y prosperando con facilidad, floreciendo con todas las cosas buenas. Mi vida, mi herencia, mi posteridad, heredamos todo lo que has prometido.

18
TOMO POSESIÓN DE MI HERENCIA
(Salmo 25:13)

LOS ISRAELITAS de la antigüedad lo hicieron cuando despojaron a los egipcios y otra vez cuando tomaron posesión de su tierra prometida.

Ahora sigo su ejemplo, con su modelo como mi licencia.

Yo decreto sobre ustedes, esas fuerzas que me han tenido cautivo y en servidumbre, esos que están opuestos a mí, que mantienen mi promesa y mi herencia como rehenes, que:

- ¡Los despojo!

- ¡Les expropio!

- ¡Los expulso!

- ¡Yo ocupo su lugar!

- Ahora soy rico, ¡ustedes indigentes!

- Ahora estoy sano, ¡ustedes quebrantados!

- Ahora progreso, ¡ustedes son atormentados!

- Ahora florezco, ¡ustedes son estériles!

- ¡Estoy lleno de vida, entusiasmo, poder y pasión!

- ¡Los reinos, regiones, naciones y tierras son míos!

- ¡Las riquezas y tesoros secretos se me entregan a mí!

- ¡El poder de su reino está en mis manos!

——19——
CONFIADO Y DECIDIDO
(Salmo 26)

Yo DECRETO:

Todos los días vivo con integridad. Hago mis planes con fe, confianza y expectativa. Y maniobro el curso de cada día confiando en el Señor, confiado, inquebrantable y convencido de que no voy a fallar.

No me avergüenzo de hablar del Señor. Mi voz y mi espíritu suenan verdaderos a todos los que oyen la acción de gracias y la gratitud de mi corazón. Él ha hecho cosas extraordinarias, asombrosas.

Cada paso de mi jornada está establecido. Las mismas plantas de mis pies están fijadas sobre lugares altos firmes, y desde los lugares de alabanza y gran gozo declaro bendición y adoración al Señor.

——20——
VALOR
(Salmo 27:13-14)

Yo DECRETO:

Si no fuera por la realidad de que Dios es,
si no fuera por la verdad de su fidelidad,
si no fuera por mi garantía segura en Él,
Sería demasiado fácil desanimarse.
Pero yo sí creo
y yo sí sé
que veré
la bondad de Jehová,
ahora, ¡en esta vida!
Por lo tanto, espero
lleno de esperanza segura y de expectativa.
Por lo tanto, sigo siendo fuerte,
diciendo a mi propio corazón y mi alma:

¡Esfuérzate!
Porque el que yo espero es fiel.
Aquel que espero ha prometido.
Aquel que yo espero viene.
Espero por ti, Jehová.

——21——
¡BENDÍCELO, ADÓRALO Y CELÉBRALO!
(Salmo 28:6-9)

YO DECRETO:

Bendigo a Jehová,
Yo lo adoro,
Yo lo celebro,
Y me postro ante Él,
¡Porque escuchó y respondió a mi oración!

Bendigo a Jehová,
Yo lo adoro,
Yo lo celebro
Me postro ante Él.
¡Porque en Él estoy lleno de esperanza y confianza absoluta!

——22——
TODA LA GLORIA
(Salmo 29)

YO DECRETO:

Te atribuyo, oh Señor Jehová, toda la gloria.
Te doy el crédito por todas las maravillas de los mundos.
Te atribuyo la majestad, fuerza, poder y fortaleza.

— 23 —
Cuán grande es tu bondad
(Salmo 31)

Yo decreto:

Confío en Jehová. Qué alivio saber que puedo hacerlo. Confío en sus caminos, en sus promesas y en su protección. Puesto que confío en Él, ¡nunca seré avergonzado! Soy librado de mis enemigos. Soy fuerte en justicia.

Jehová me escucha de cerca y con atención. Las respuestas que necesito vienen rápidamente, sin interferencia ni malentendidos. Él toma tiempo para mí, no hay prisa, tengo toda su atención. Conduzco mi vida de manera que sólo Él sea la fuerza e influencia que me rodee.

Resido dentro del lugar de Jehová, en su templo, en su corazón. Allí ningún chisme, ira, amargura, mentira ni venganza me puede alcanzar. Mi hogar está seguro. Mis hijos son salvos. Nada de lo que tengo, o que me deban a mí, me puede ser quitado.

¡Cualquier cosa que el mundo trate de infligir sobre mí es frustrado! Las palabras de Dios, el poder de su amor, la firmeza de su carácter, siempre me ofrecen una salida, un escape y una liberación. La verdad abre el camino; la paz me muestra cómo avanzar.

He adoptado los pensamientos y los caminos de Dios como míos. Con ellos como mis herramientas para la vida, ¡todo es posible! Mis habilidades son ilimitadas, mi futuro está abierto delante de mí; nada puede detenerme ni presionarme. ¡Nada!

— 24 —
Perdonado
(Salmo 32)

Yo decreto:

Soy absolutamente privilegiado. Disfruto de una ventaja en la vida que otros no tienen: ¡Mis pecados son perdonados y cubiertos! Es como si nunca hubieran sido cometidos. Me conmuevo por el inmenso amor que Dios tiene por mí. Su perdón transforma mi corazón y mi vida.

Disfruto de esa condición de perdonado, esta clase especial con beneficios exclusivos. Aquellos que ven el favor sobre mi vida se sienten envidiosos y se mueven a buscar a Dios por sí mismos.

Estoy cubierto por el velo de Dios. Él tiene cuidado de mí, como un secreto bien guardado. En lugar de rodearme la angustia, ¡estoy rodeado de cánticos de escape jubiloso!

Estoy seguro. He sido liberado. Estoy a salvo. Soy libre. Me detengo a contemplar esta verdad.

Mi vida tiene propósito y en ese propósito hay sabiduría. Todo lo que toque mi mano es exitoso y próspero. Yo soy la niña de los ojos de Dios, Él nunca me esquiva con la mirada.

Soy transformado diariamente por la misericordia fresca y el tierno amor de mi Señor.

Estoy ebrio de regocijo. No voy a ceder mi justicia. Mi determinación, mi pasión y mi coraje están fijos porque Jehová es mío.

——25——

EL MEJOR SENDERO DE VIDA
(Salmo 32:8)

YO DECRETO:

Jehová me guía por el mejor sendero para mi vida. Él cuida de mí y me observa.

El Espíritu de Dios me presta especial atención. Con prudencia y cuidado vigilante y juicioso, imparte enseñanza e inteligencia a mi mente. Él impregna mi espíritu con su superior sabiduría celestial, de tal manera que me hace tener éxito y prosperar.

Con la precisión de un hábil maestro, la exactitud del Espíritu me apunta en la dirección correcta.

La fuerza de Dios establece una base firme, y su visión riega con agua las semillas de sus promesas dentro de mí, de tal manera que sus caminos se convierten en mis instintos naturales.

Bajo la mirada suave y continua de sus ojos recibo su consejo prudente y su asesoramiento real. Su favor, aprobación y parcialidad conmigo allanan el camino para cada uno de mis días y cada circunstancia, tanto que soy llevado a lo mejor de todo.

—26—
SOY TUYO
(*Salmo 34:1-8*)

YO DECRETO:

Yo vivo inclinado de rodillas delante de ti, oh Dios, mi Rey.
Te bendigo. Tú eres el Eterno.
Alabo tu carácter. Yo conozco íntimamente tu gloria.

En el lugar privado de mi corazón, te adoro.
En la plaza pública de mi vida, muestro mi gratitud.
Desde lo más profundo de mi ser, me jacto de ti.

¡No me da pena dejar que mi vida sea un anuncio para ti!
Soy un estímulo para que otros se encuentren en ti.

Tomo gran cuidado en buscarte, sé que te da gran gozo
     encontrarme.
Me respondes rápidamente y me arrebatas de las estratagemas
     del enemigo.
No tengo temores. Estoy en completa paz.

Te contemplo. Nunca me avergüenzo.
Tu luz transforma mi corazón para que yo pueda sonreír.
Y brillo con orgullo y alegría, soy tuyo.

Mi mente y mi espíritu están absolutamente asombrados
   contigo porque prospero en todo, todo lo que es ético,
   excelente y valioso.
Mi estado físico, social y financiero ¡siempre va de mejor a
   óptimo!

———27———

TODO, SIEMPRE
(Salmo 34:9)

YO DECRETO:

Amo a Jehová. Escojo su reino.
Me aparté de los caminos del mundo.
Elijo la pureza. Escojo la bondad. Elijo ser una buena persona.

No me importa si luzco pasado de moda y aburrido.
No me importa si se ríen de mí.
Yo temo a Dios. Estoy asombrado con su poder. Me asombra
   su humildad.

Ser despreciado por el sistema del mundo no me molesta en
   absoluto.
Su definición de éxito es una fachada, una farsa completa.
La actitud general de tener que "tenerlo todo" es vacía y sin
   valor.

De todos modos, tengo más que lo que el mundo me puede
   ofrecer.
La pobreza tiene miedo de mí, y huye, escapando a su propia
   muerte.
Carencia y Necesidad están aterrorizadas por lo que ven.

Yo vivo completo.
La prosperidad es mía, se multiplica en mis manos.

La felicidad aumenta constantemente y contagia a todos los que
se cruzan en mi camino.
Mi alma prospera, mi intelecto y mi comprensión son
ilimitados.

Toda esta abundancia, toda esta bondad, tiene un solo
propósito en mí:
Reflejar la verdad y la luz del Santo, mi roca.

— 28 —
TODO LO QUE ANHELO
(Salmo 37)

YO DECRETO:

Mi confianza está completa y satisfecha en Jehová.
Es fácil para mí razonar pensamientos correctos y elegir el
comportamiento adecuado.
Me deleitaré en Jehová, en la plenitud de su majestad.
Las atracciones del mundo no tienen ninguna influencia en mí.

He consagrado cada parte de mi día a Él.
Sé que puedo confiar en Dios para pasarme por todo con éxito.
Mi reputación y mi credibilidad están protegidas y vindicadas
por Dios.
Yo cultivo mi fidelidad con la intención y el propósito de
conocerlo a Él.

Él me da todo lo que anhelo:
La familia que deseo tener: hijos con fuerza, valor e integridad
El hogar que salvaguardo: lleno de paz, risa y alegría
Caminar con Él, descansando bajo un cielo abierto.

He heredado la tierra prometida a mí y a mis antepasados.
Elijo la humildad todos los días y la llevo como ropa de vestir,

Y es como moneda espiritual que me ofrece la abundancia y la
    prosperidad.
No hay lugar para el enojo, la preocupación ni la irritación en
    mi corazón.
Mis enemigos quedan aislados y el Señor se ríe francamente de
    ellos.
Su día ha llegado porque han sido conquistados.
Las armas que forjaron en mi contra fueron desmenuzadas.
Veo esta verdad y soy alentado por la provisión que Jehová ha
    hecho para mí.

Elijo la justicia, por lo que Jehová me sostiene.
Mi herencia permanecerá para siempre.
No tengo motivo para avergonzarme cuando la oposición viene
    contra mí.
Porque cuando el mundo sufre pérdida, yo disfruto de su
    misericordia y su abundancia.

Amo la justicia y corro hacia ella como un amigo de toda la
    vida.
Constantemente busco maneras de ser gentil y amable.
Cierro los oídos a los chismes y volteo mis ojos lejos de la
    impureza.
Mi boca habla de la bondad de su corazón.

Jehová nunca me dejará.
Mi vida y mi casa están siempre en Él.

—— 29 ——
MI ESPERANZA ESTÁ EN TI
(Salmo 38:15)

YO DECRETO:

¡Mi esperanza está en ti! No sólo con los dedos cruzados esperando sin causa para creer. ¡No!

Yo observo. Me detengo. Espero.

Expectante. Creyendo. Sabiendo.

¡Tú me escuchas! No sólo como un ruido en la brisa, sin atención. ¡No!

Tú escuchas. Tú respondes. Tú contestas.

Hablando. Cantando. Bendiciendo.

—— *30* ——

MI ESPERANZA SEGURA Y MI EXPECTATIVA
(Salmo 38:15-22)

YO DECRETO:

Mi vida está entregada a ti, Jehová.

La ruina que he hecho de ella, el hazmerreír del cual otros se han burlado,

Te entrego el control.

Vengo a ti como un hombre va a la casa de cambio,

Como un hombre va al banco para intercambiar divisas desgarradas, destruidas,

Vengo a ti para reemplazar lo roto con lo nuevo.

Mi esperanza confiada y mi expectativa están en ti.

—— *31* ——

¡EN ESPERA DE UN AVANCE SIGNIFICATIVO!
(Salmo 40:1-4)

YO DECRETO:

¡Me aferro rápido a Jehová! De manera expectante y con entusiasmo, con los ojos bien abiertos, listos.

¡Porque en cualquier momento Él se abrirá paso! Él está dispuesto a moverse a mi favor. De hecho, ¡Su intención es hacerlo!

Con interés enfocado, atento, ¡Él oye y está de acuerdo conmigo! ¡Él accede a mi petición y otorga mi solicitud!

Jehová me ha elevado, me ha aumentado, ¡y me ha hecho vencer! Él me eleva hacia su corriente de fuerza y seguridad.

Estoy fuertemente establecido. Mi destino está confirmado y ratificado por el mismo Dios, que es mi refugio y mi confianza.

Jehová ha dispuesto y resuelto mis cuentas, lo que garantiza un éxito floreciente para mí; ¡cada vez que retome cualquier terreno que el enemigo haya tomado ilegalmente!

Una nueva resonancia se eleva desde el fondo de mi alma. Melodías frescas vierten continuamente de la boca. ¡Salmos de alegría nunca cantados declaran su gloria como nunca antes!

——32——

EN TUS PASOS
(Salmo 40:8-13)

YO DECRETO:

¡Estoy enamorado de ti, Jehová! Rebosante de alegría, tan emocionado de seguir tus pasos que no puedo decirlo con palabras.

Tengo el gran placer de traer una sonrisa a tu rostro y me llena de felicidad hacer lo que agrada a tu corazón.

Tus instrucciones y consejos los llevo en lo profundo de mi alma. No hay mejor guía que los principios celestiales.

Tú eres mi Dios, el Dios de la verdad y la ética. Solo tú distribuyes justicia y salvación. Tú eres la fuente y la causa de mi prosperidad.

Es tu absoluta delicia y gran placer rescatarme, ¡satisfaciendo y pagando mis deudas!

Tú despojas el campamento enemigo, expropiándolo, arrancando de él cualquier arma o victoria contra mí.

Rápidamente y sin demora entras, suministrando gentil y de manera favorable decisiones a mi favor. Hay emoción en los reinos angélicos cuando intervienes.

Tu ayuda y asistencia llegan rápidamente y con alegría.

¡Estás enamorado de mí!

—— 33 ——
VINDICADO POR DIOS
(Salmo 43)

YO DECRETO:

Jehová, el Eterno, Aquel que es sabiduría, conocimiento y comprensión, Aquel que juzga con razón, conoce las intenciones del corazón.

Él me vindica.

Él silencia las acusaciones en mi contra.

Él me libra de mentiras.

Su luz de vida, de prosperidad y de instrucción me guía por el mejor sendero.

Su verdad, fidelidad y fiabilidad me llevan a pensar, sentir y comportarme correctamente.

La solidez y sinceridad de su corazón me mueven más cerca de sus alturas, ¡llenando mi ser completo con alegría!

—— 34 ——
COMANDO DE LA VICTORIA
(Salmo 44:4-8)

YO DECRETO:

¡En Jehová, mi Rey, el éxito está destinado para mí!

Ya sea en asuntos privados o en el mercado público

Delegaciones angelicales establecen lo que Dios ha decretado.

En Jehová, mi Rey, ¡la liberación ya está ganada para mí!

Ya sea en materia de salud, finanzas o paz familiar

Dios mismo levanta su voz para ordenar mi victoria.

35

Postura erguida
(Salmo 45)

Yo decreto:

Mi corazón está vivo, ni siquiera puedo contenerme. ¡Estoy tan lleno de vida!

Palabras de alabanza se derraman de mi boca, como el agua cayendo sobre las cataratas.

Dios me ha bendecido, profunda y verdaderamente, ¡sin lugar a dudas me ha bendecido!

Él me ha dado palabras como miel para hablar con mis amigos.

Él me ha dado una fragancia de jazmín para atraer su gracia.

Por último, me veo a mí mismo como Él me ve a mí, he cambiado de la noche a la mañana.

Estoy de pie con postura erguida, más alto de lo que nunca me he parado.

La confianza es mi nueva mejor amiga.

No conozco el miedo. Llevo mi armadura con orgullo y sin dificultad.

Mi espada está a mi lado, lista para golpear.

Mi escudo es levantado y brilla a la luz de su rostro

Una coraza de justicia guarda mi corazón.

La verdad, de lo que soy, de mi fuerza y victoria, me mantiene en curso.

Mis enemigos en derredor, yacen derrotados, golpeados y conquistados.

Ellos están a sus pies, bajo su trono, callados e inmóviles.

Me presento ante Él, cubierto por su sangre, victorioso.

Tengo un trono, es su trono glorioso y puro.

Sé cuál es la manera correcta de vivir, estoy viviendo mi mejor
vida.
Me encanta la honestidad, la integridad, la sinceridad y la
verdad.
Aparto el drama, el caos y la mentira. Guardo mi paz.

El Rey ha caído perdidamente enamorado de mí.
Él me baña con regalos día tras día.
Él tiene una procesión de alegría y risa, y me rodea.

Fijé mi mente hacia el futuro, cualquier cosa que este pueda
tener.
Mi herencia ha sido restaurada.
Mis hijos llenarán la tierra y seguirán este legado de amor.
Recordaremos a Jehová y su bondad para las generaciones
venideras.

36

SU GENTILEZA
(*Salmo 51*)

YO DECRETO:

Dios, eres tan amable conmigo.
Tú derramas misericordia sobre mí cuando la necesito.
Me colmas de favores cuando no me lo merezco.
Dios, eres tan amable conmigo.

Dios, estás lleno de ternura hacia mí.
Cuando estoy lleno de vergüenza, te pones de pie a mi lado con
fidelidad.
Cuando soy acusado incluso por mis propios actos, reservas
lástima por mí.
Dios, estás lleno de ternura hacia mí.

Dios, cantas tonadas de alegría sobre mí.

Cuando la fortaleza de mi vida se tambalea, respiras tu deleite
    sobre mí.
Cuando soy estrujado a pedazos, tu espíritu y tu fuerza me
    restauran.
Dios, entonas canciones de alegría sólo y siempre sobre mí.

—— 37 ——
MI FUENTE
(Salmo 52:8-9)

YO DECRETO:

Me has hecho como un árbol de olivo verde, que crece, madura,
    se yergue, fructifica, florece, reside en el propio medio y
    profundidad de tu corazón.
Por lo tanto, confío en tu misericordia. Nunca voy a tener
    motivos para dudar de ti.
Por lo tanto, te estoy eternamente agradecido, porque eres tú
    quien me ha establecido.
Por lo tanto, con mucho gusto espero pacientemente por ti,
    porque eres mi única fuente de bendición.

—— 38 ——
POR CAUSA DE TI
(Salmo 54:6-7)

YO DECRETO:

Por causa de ti
Cueste lo que cueste,
Cueste lo que sea,
Lo hago con alegría.

Por causa de ti
Estoy agradecido,

Lleno de agradecimiento,
Y así es como debe ser.

Por causa de ti
Veo mi vida
Con la expectativa de esperanza
Y una gran satisfacción.

—— *39* ——
A LA DIESTRA
(Salmo 63:8)

YO DECRETO:

Tu diestra se extiende hacia mí. Me guías y diriges en la dirección correcta. Me mantienes, conforme a tu palabra, en el camino correcto.

Cristo está sentado a la diestra del Padre. Yo estoy en Cristo y permanezco con Él, a la diestra. El Padre me da la bienvenida para que me una a Él y me siente a su diestra.

Todo el reino del Padre está a mi diestra, al alcance; lleno de ayuda y consuelo, completo con la victoria y la fuerza.

Victoria, fuerza, honor, patrimonio, riqueza y éxito, todo eso es mío, está a tu diestra. Está a mi diestra.

—— *40* ——
CUÁN BIENAVENTURADO
(Salmo 65:4)

YO DECRETO:

¡Ah! Tú, Dios, Creador del universo, me has elegido.

He sido probado, he sido inspeccionado.
He sido examinado como con un microscopio
Y me han encontrado puro, sin mancha, brillante.

Te colocas por encima y alrededor de mí.
Te acercas bien cerca para sostenerme y protegerme.
Tu abrazo me sostiene con suavidad y ternura.

Mi excelencia está por encima de todos los demás
He sido elegido como el preferido.
Mis atributos traen a Jehová alegría y placer.

———— *41* ————
¡GRITA! ¡CLAMA! ¡APLAUDE!
(Salmo 66:2)

YO DECRETO:

¡Grito! ¡Clamo! ¡Aplaudo con mis manos!
¡Alzo mi voz en victoria!
¡Canto! ¡Bailo! ¡Marcho!
Establezco gran alabanza en su lugar.
Otorgo mi afecto a Él.
Dirijo mi adoración a Aquel.
Transformo la atmósfera en todas partes.
Públicamente. Privadamente. Alegremente. Bulliciosamente.
¡Grito! ¡Clamo! ¡Aplaudo mis manos!
¡Alzo mi voz en victoria!
¡Canto! ¡Bailo! ¡Marcho!

———— *42* ————
HABITA EN MÍ, OH JEHOVÁ
(Salmo 66:8-13)

YO DECRETO:

Te bendigo, Jehová.
Aparté este tiempo específicamente para recordarte a ti y todo
    lo que has hecho.

Hago mucho hincapié en hablar a otros de tu fidelidad.
Estoy abrumado por ti.

He sido establecido en este lugar por mi Creador.
He sido concienzuda y cuidadosamente colocado con precisión
    en este lugar.
Tengo autoridad sobre él, yo reino sobre mi casa con el temor
    de Jehová.
Él no tolera nada que impida u obstaculice mi fortaleza y
    estabilidad.
Estoy seguro en Él, en todas las cosas, en todo lugar, en toda
    circunstancia.

Soy refinado como la plata.
Como la plata sólida, pura, preciosa, perfecta.
Como un amante que lava cuidadosamente su novia, bañándola
    y haciéndola hermosa; he sido
preparado por el Señor.
Estoy preparado para que mi Señor habite dentro de mí como
    su morada.
Habita en mí, oh Jehová. Apodérate de mí completa y
    totalmente.

Jehová ha hecho que yo sea llevado a su castillo, a su presencia.
Tú, Jehová, has producido la presión de los dolores de parto,
Yo soy el asiento de todo lo que has prometido hacer valer y
    pasar.
Tú me has fortalecido allí en ese lugar de trabajo y me has
    liberado.
Estoy en paz, satisfecho y completo en todo lo que nos hemos
    prometido el uno al otro: Yo soy tuyo y tú eres mío.

—— 43 ——
Su rostro resplandece
(Salmo 67)

Yo decreto:

Dios es misericordioso conmigo.
Su gracia me rodea.
Su favor me restaura.
Su rostro se ilumina con gozo y brilla sobre toda mi casa.

Jehová me muestra dónde ir.
Reconozco su voz cuando habla.
Soy dirigido por su carácter moral.
Su camino me lleva a un lugar seguro, en Él están mi
      prosperidad y mi victoria.

—— 44 ——
La bendición Barak de Jehová
(Salmo 67:7)

Yo decreto la bendición de Jehová sobre mí: favor, consejo, prosperidad, felicidad, abundancia, sanidad, seguridad, instrucción, protección.

Yo decreto la bendición de Jehová sobre mi vida: favor, consejo, prosperidad, felicidad, abundancia, sanidad, seguridad, instrucción, protección.

Yo decreto la bendición de Jehová sobre todos mis hijos: favor, consejo, prosperidad, felicidad, abundancia, sanidad, seguridad, instrucción, protección.

Yo decreto la bendición de Jehová sobre mi casa: favor, consejo, prosperidad, felicidad, abundancia, sanidad, seguridad, instrucción, protección.

Yo decreto la bendición de Jehová sobre mi familia lejana: favor, consejo, prosperidad, felicidad, abundancia, sanidad, seguridad, instrucción, protección.

Yo decreto la bendición de Jehová sobre mi herencia: favor, consejo, prosperidad, felicidad, abundancia, sanidad, seguridad, instrucción, protección.

Yo decreto la bendición de Jehová sobre todo mi hogar: favor, consejo, prosperidad, felicidad, abundancia, sanidad, seguridad, instrucción, protección.

Yo decreto la bendición de Jehová sobre todos mis amigos: favor, consejo, prosperidad, felicidad, abundancia, sanidad, seguridad, instrucción, protección.

Yo decreto la bendición de Jehová sobre todos mis negocios: favor, consejo, prosperidad, felicidad, abundancia, sanidad, seguridad, instrucción, protección.

Yo decreto la bendición de Jehová sobre todas mis inversiones: favor, consejo, prosperidad, felicidad, abundancia, sanidad, seguridad, instrucción, protección.

Yo decreto la bendición de Jehová sobre mis deudas e impuestos y obligaciones: favor, consejo, prosperidad, felicidad, abundancia, sanidad, seguridad, instrucción, protección.

Yo decreto la bendición de Jehová sobre todos mis enemigos: favor, consejo, prosperidad, felicidad, abundancia, sanidad, seguridad, instrucción, protección.

Yo decreto la bendición de Jehová sobre todos los que están en contra de mí: favor, consejo, prosperidad, felicidad, abundancia, sanidad, seguridad, instrucción, protección.

Yo decreto la bendición de Jehová sobre todas mis esferas de influencia: favor, consejo, prosperidad, felicidad, abundancia, sanidad, seguridad, instrucción, protección.

Yo decreto la bendición de Jehová sobre todos los que se cruzan en mi camino: favor, consejo, prosperidad, felicidad, abundancia, sanidad, seguridad, instrucción, protección.

Yo decreto la bendición de Jehová sobre todas mis palabras: favor, consejo, prosperidad, felicidad, abundancia, sanidad, seguridad, instrucción, protección.

Yo decreto la bendición de Jehová sobre toda mi adoración: favor, consejo, prosperidad, felicidad, abundancia, sanidad, seguridad, instrucción, protección.

Yo decreto la bendición de Jehová sobre toda mi alabanza: favor, consejo, prosperidad, felicidad, abundancia, sanidad, seguridad, instrucción, protección.

Yo decreto la bendición de Jehová sobre todos mis pensamientos: favor, consejo, prosperidad, felicidad, abundancia, sanidad, seguridad, instrucción, protección.

Yo decreto la bendición de Jehová sobre mi ser interior: favor, consejo, prosperidad, felicidad, abundancia, sanidad, seguridad, instrucción, protección.

¡Yo decreto la bendición de Jehová!

45

DIOS ME BENDICE
(Salmo 67)

YO DECRETO:

Elohim, tú has puesto en exhibición pública todas tus obras amables conmigo. Has publicado en los cielos todo tu favor reservado para mí. Libera ahora la plenitud de tu bendición. Inunda mi espíritu, alma y cuerpo, con tu presencia. Ilumina mi camino con la mirada de tu ojo vigilante. Impregna la plenitud de mis días con tu Espíritu.

Haz que tu camino, tu dirección, tu carácter moral y tu curso de vida sean percibidos y comprendidos por todas las personas y todas las tierras hasta sus confines.

Haz que tu vida, tu salud, tu prosperidad y tu victoria lleguen a todos los pueblos de la tierra en todas las generaciones.

Te alabo y estoy lleno de alegría, ya que incluso la tierra produce para mi beneficio, dando todo su fruto, patrimonio y riquezas.

Y tú, como mi Santo Juez, emites decisiones en mi favor.

Tú declaras sobre mí prosperidad, sanidad y abundancia.

—— 46 ——
¡CORRO HACIA TI!
(Salmo 71)

YO DECRETO:

¡Gracias, Dios! ¡Puedo correr a ti por lo que necesite!

Prevención, protección y seguridad. Eres la roca de la que me agarro y aferro.

Paz, calma y tranquilidad. Tú eres el lugar donde puedo descansar.

Éxito, victoria y prosperidad. Tú eres el camino para tenerlo todo.

Haz lo que haces tan bien, ¡y eso es sacarme de problemas!

Tú te agachas, con tus oídos y tus ojos fijos en mí.

Tú me levantas, me desempolvas y me pones de nuevo sobre mis pies en tu camino.

—— 47 ——
FUERZA EN LOS AÑOS AVANZADOS
(Salmo 71:18, 21)

YO DECRETO:

¡"Viejo y canoso" no se aplica a mí!

Puede que tenga muchos años en mi haber,

Y puede que mi color de pelo sea diferente de cuando yo era joven,

¡Pero mi fuerza, valor y vigor aumentan cada año!

Es tu majestad y misterio lo que me mantiene vital y fuerte.

Como desplegando al débil para confundir a los sabios;

Yo soy tu guerrero envejecido confundiendo el mito de la
    fuerza juvenil,
Me levanto con el sol, orando toda la noche, ¡nunca me canso!

La única cosa que mi antigüedad de años muestra es tus
    caminos más elevados.
Yo no disminuyo, reduzco ni evito las oportunidades,
Más bien tú continúas aumentando mis esferas de influencia.
¡Levantas mi dignidad y utilizas mi voz para cantar tus
    alabanzas!

——— *48* ———
Como Rey impera
(Salmo 72)

Yo decreto:

Jehová, no has venido a someterme bajo tu dominio,
Más bien me has levantado para gobernar contigo desde tu
    trono.

Tú me has dado tu ética y tu fuerte carácter moral.
Me has dado un corazón para ver con compasión y ternura.
Tú me has dado fuerzas para gobernar de forma consistente.
Tú me has dado sabiduría para discernir una pelea y el opresor.

Tú me has confiado con los que no tienen voz propia.
Tú has puesto en mi jurisdicción a los que no tienen
    personalidad legal.
Tú me has nombrado para el pobre que no puede pagar por
    ayuda.
Me has empleado para ser la esperanza para aquellos que han
    renunciado.

Jehová, vamos a reinar juntos desde tu trono.
Justicia. Vindicación. Bienestar. Paz.

—— **49** ——
JEHOVÁ CONTINÚA
(Salmo 72:8)

Yo DECRETO:

Tú, oh Jehová, durarás más que el reino del sol.
Sobrevivirás a las estaciones orbitales de la luna.

A través de la generación, la edad y la época,
Más allá de reinos e imperios,
Tú continúas.

Tu presencia se desplaza hacia mí como una niebla soplada por
    el mar.
Tu fragancia flota a mi alrededor como el rocío sobre la hierba
    cortada.
Estalla tu risa como lluvia sobre la flor de primavera.

Tu paz continúa más allá de las olas del mar
Tu reino se expande más allá de los ríos y bordes de la tierra.

A través de la generación, la edad y la época,
Más allá de los reinos e imperios,
Tú eres.

—— **50** ——
ES PERFECTO CON DIOS
(Salmo 73:28)

Yo DECRETO:

¡Qué perfecto es para mí ir a Dios!

Al venir de cerca, al moverme cada vez más cerca
¡Soy purificado y mi carácter moral se enriquece!

Al acercarme a su trono y a todas las criaturas,
Estoy en compañía de la alegría y la felicidad.

Al humillarme y reconocerlo,
Soy inducido a prosperar en todas las cosas buenas.

¡Jehová le gusta que lo importunen!
¡Le encanta que ponga todas mis esperanzas en Él!

Mi confianza está colocada de forma segura en su cuidado.
Él es mi vindicación del peligro y del engaño.

¡Jehová es el artífice de los artistas!
¡Su riqueza y sus maravillas hablan más que mil palabras!

Que perfecto es para mí estar en Dios.

——— *51* ———
¡En alta voz!
(Salmo 75:1)

Yo decreto:

¡Estoy tan agradecido!
Lo digo en alta voz.
Me repito una y otra vez.
Quién eres tú, Señor
Las cosas que haces
Me asombran.
Me mantienen embelesado.
Soy incapaz de apartar la mirada.
Se me escapan las palabras para explicar tus profundidades.

52

PROMOCIÓN Y AVANCE
(Salmo 75:6-7)

YO DECRETO:

No es mi trabajo.
No es mi jefe.
No es mi buena idea.
No es mi propia capacidad.
Sólo es, siempre, por siempre tú, el que trae la promoción.

La tuya es la única aprobación que busco.
El tuyo es el único elogio que necesito.
La tuya es la única sonrisa que busco.
El tuyo es el único aval que deseo.
Sólo es, siempre, siempre tú, el que trae el avance.

53

EN LA ALABANZA
(Salmo 76:1)

YO DECRETO:

En la alabanza, Dios se revela.
En la alabanza, Dios aparece.
En la alabanza, Dios se da a conocer.
En la alabanza, Dios es experimentado.
Por lo tanto, ¡te alabaré siempre!

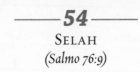

SELAH
(Salmo 76:9)

YO DECRETO:

Dios—el Divino, entronizado en los cielos—
Se ha puesto de pie por mí.

Él agitó la situación
Y se impuso a sí mismo en el resultado
Con el fin de que la justicia se cumpliera para mí.
Como el original, eternal, buen juez,
Él determinó la sentencia por las cosas que figuran en mi
        contra.

El estrés, la ansiedad, la enfermedad, la opresión, la fatiga
        mental, el agotamiento,
La falta de amigos, la compasión y la comprensión de los demás,
Él ha puesto fin a todo eso.
Él ha puesto fin a la inmoralidad que me rodea
Y me ha vestido de pureza.

Ha cortado las voces que hablan mentiras a mí y de mí,
Y me ha vestido en la verdad y la libertad.
Él ha tomado la enfermedad que debilitó y fatigó mi alma y mi
        cuerpo
Y me ha revestido de fuerza y de vida.

Selah: Hago una pausa para estar agradecido.

Dios—el Divino, entronizado en los cielos—
Se ha puesto de pie por mí.

—— 55 ——
CONSCIENTE DE TODO LO QUE DIOS ES
(Salmo 77)

YO DECRETO:

Cuando estoy consciente de todo lo que Dios ha hecho por mí,
Cuando estoy consciente de todo lo que Dios ha hecho a través
de los siglos
Cuando estoy consciente de todo lo que Dios es...

¡No lo puedo cuestionar!
¡No puedo disputar sus caminos!
¡No puedo cuestionar su elección del momento oportuno!

—— 56 ——
LA INTEGRIDAD DE SU CORAZÓN
(Salmo 78:72)

YO DECRETO:

Dios cuida de mí,
Proveyendo para mí,
De acuerdo a la integridad de su propio corazón.

Dios cuida de mí,
Guiándome y dirigiéndome,
De acuerdo a la sabiduría de sus profundidades.

—— 57 ——
SOBRESALIR Y RESPLANDECER
(Salmo 80:1)

YO DECRETO:

Me destaco en pureza y

Brillo con novedad, mientras
Contiendo por el Reino de Dios.
Él es mi mejor amigo.

Él obliga a la unidad a mi alrededor y
Multiplica su favor conmigo y
Me da diariamente sin reservas.

——58——
JEHOVÁ ES MI DIOS
(Salmo 81:10)

YO DECRETO:

¡Jehová, el Eterno existente, es mi Dios!
Él me recogió e hizo que yo fuera llevado más arriba y más lejos,
Dejando todo tormento y fracaso atrás.

Cuando levanto mis manos vacías hasta su trono
Y abro mi boca para recibir palabras para hablar o sustento
        para ser cubierto,
Él satisface hasta rebosar cada parte de mí que lo anhela.

——59——
SÓLO UNA VISLUMBRE DE TI
(Salmo 84)

YO DECRETO:

Desde el lugar más profundo de mí mismo,
Estoy decidido a buscar a Jehová.
Desde la parte de mi alma que reposa despierta por la noche,
Tengo ansias de su presencia más íntima.
Mi corazón, mis emociones e incluso mi cuerpo físico
Cantan de alegría, invitando al Rey a que triunfe sobre mí.

Esta nueva felicidad que he encontrado
Es limpia, lavada por la cascada de su alegría.
Hace que incluso mis pensamientos brillen y sean puros.

La fuerza personal y la convicción
Liberada sobre mí desde su alta torre
Aporta resistencia y vence todo miedo.

Aun cuando paso por tiempos de lágrimas,
Ellas crean un pozo profundo de vida dentro de mí,
Una fuente de crecimiento, vida y bendición.

Debido a esto, yo sé
Que sólo una vislumbre de tu bondad
Me puede durar toda la vida.

Tú eres la luz, poderoso e inmenso,
De pie como príncipe sobre su prometida,
Defendiéndome contra el mundo, contra el tiempo.

No hay nada que tú ocultes de mí,
No hay nada que retengas o me quites.
Tu gozo favorito es bendecirme.

Tú firmaste el título de propiedad y me lo diste, la vida es mía
        para disfrutarla.
Soy completamente aceptado y disfrutado por ti.
Cada día eres extravagante con lo que me regalas.

Puedo vivir en completo abandono contigo,
Completamente desenfrenado en mi amor y
        devoción por ti,
Porque estoy así de protegido y seguro en el lugar que has
        hecho para mí.

60
TÚ SOLO ERES DIOS
(Salmo 86:1-10)

YO DECRETO:

Jehová, veo qué te inclinas hacia mí, concentrado, escuchando.
Estoy en una audiencia directa con mi Rey Creador.
Tú eres moral, lleno de gracia y misericordia.
Tus obras son extraordinarias y verdaderas.

Jehová, siento que me abrazas; eres gentil y amable.
No hay otros dioses, nadie como tú.
Tú oyes, tú escuchas y tú tomas cuidado.
¡Tú derramas abundantes bendiciones sobre mí!

61
ENSÉÑAME TUS CAMINOS
(Salmo 86:11-17)

YO DECRETO:

Jehová camina conmigo a lo largo de este sendero de vida,
Me dirige a través de los giros y las vueltas,
Me da instrucciones a lo largo del camino por delante,
Me entrena para que aguante hasta el final.

Como resultado de ello,

Vivo éticamente, estable en todos mis caminos.
Persigo una forma de instrucción divina,
Soy sostenido, disfrutando de buen juicio y
Fidelidad perpetua.

62

PROTECCIÓN
(Salmo 91)

Yo DECRETO:

Ah, descansar. Sentarse en la presencia de Jehová, relajarse en su hermosura, confiar en su fuerza. ¡Así es como me paso las noches!

Declaro que Jehová Dios, que está por encima de todas las cosas, es mi hogar central, mi lugar seguro. Recuerdo los juegos de la infancia, donde "en casa" era el lugar seguro y que nadie le podía tocar mientras estuviera allí. A medida que avanzo a través de todos los "juegos" de mi día, declaro que el Señor es mi lugar seguro. Mi confianza y mi seguridad son absolutas en Él.

Soy librado de sorpresas y protegido de riesgos. Estoy completamente a salvo porque Jesús me defiende de todo peligro. Cuando el tráfico está agitado, yo estoy seguro. Cuando los compañeros de trabajo son tortuosos, estoy protegido. No importa que yo sepa o no de las trampas o peligros, tengo confianza y no temo absolutamente nada.

Otros pueden sufrir, pero yo no. Espero el favor completo de Dios porque Él no retiene nada de mí. Su amor no es condicional. Su protección extravagante me rodea. Ni siquiera puedo ser rozado por el peligro. Es como si estuviera viendo desde una gran distancia donde nada puede alcanzarme. Soy audaz con mis expectativas de comodidad, felicidad y seguridad.

Declaro que no estoy intimidado.

Jehová mismo ha ordenado a sus ángeles que monten guardia sobre mí donde quiera que yo vaya. Si tropiezo, me van a agarrar, ya que es su trabajo guardarme de todo daño. Ángeles, hagan su trabajo.

Me aferro a Jesús con todo lo que tengo. Yo sé más allá de toda sombra de duda que Él puede y me sacará de cualquier angustia. Y recibo la mejor atención posible cuando descanso y confío en Él completamente.

Jehová decreta sobre mí: "Llámame y te responderé. Voy a correr a ti y permaneceré a tu lado a través de todos los altibajos. Te voy a celebrar con festejos y te daré una larga vida, una buena porción de mi provisión".

Así que yo llamo a Jehová sabiendo que ya me ha respondido. Jesús se ha apresurado a mi lado y permanece conmigo a pesar de todo. Y soy celebrado con festivales de alegría pura. Disfruto de mi larga vida, rica, plena, bendecida y honrada. Y así será para siempre.

———— *63* ————

¿Dónde están las palabras?
(Salmo 92)

Yo decreto:

¿Dónde están las palabras?
¿Cómo pueden las letras y las sílabas contener la profundidad
    de mi admiración por su nombre?

¿Dónde están las palabras?
Débiles son los intentos de mi boca mientras se esfuerza por
    expresar mi corazón.

Estoy feliz. Estoy contento. Estoy agradecido y complacido.
Estas cosas son verdaderas, vibran dentro de mi espíritu, pero
    todas ellas quedan cortas.

Yo canto. Toco instrumentos. Bailo, brinco y salto.
Pero, ¿cómo puedo poner por fuera este sentimiento que tengo
    por dentro?

Tú eres el Altísimo. Tú eres el único Dios vivo y verdadero.
¿Quién soy yo para celebrar tu bondad, tu misericordia, tu
    fidelidad?

Tú eres constante, estable y verdadero. Nuestra confianza,
    seguridad invariable por los siglos de los siglos.
¿Cómo puedo alabarte apropiada y suficientemente?

A través de todas las épocas tus propósitos, planes e intenciones
Son profundos y ocultos, que existen más allá de nuestra
   imaginación.

Tú haces que yo florezca.
Tu mano me rodea con una abundancia de todo lo bueno.
Yo florezco y prospero, a tiempo y fuera de tiempo,
   aumentando en grandeza.

Aun en la vejez, más allá del tiempo natural de las cosas,
Yo estallo espontáneamente, proliferando con un aumento e
   intensificación de la vida.

Tú me haces rico, completo y pudiente,
Sustancial en fuerza, sabiduría y gracia.

¿Dónde están las palabras?

—— 64 ——
MARAVILLOSO ES EL SEÑOR
(Salmo 96:1-6)

YO DECRETO:

Llamo a los juglares a entonar una canción nueva y dedicar
   verso poético fresco,
¡Para que podamos proclamar la sorprendente noticia de la
   provisión de Dios!
Elevo mi voz con un fuerte grito, implorando a los músicos que
   toquen y entonen coros para cantar en rondas,
¡Para que podamos dar a conocer la increíble noticia de la
   liberación de Dios!

Su salvación es para siempre.
Su victoria ya es segura.
Las banderas están ondeando.
¡Ya está hecho!

Su bienestar es rico.
Su prosperidad desborda.
Las cuentas están llenas.
¡Está completo!

Tal es la grandeza de Dios,
Los cielos despliegan gloria y majestad,
Sin embargo, no son más que un pálido reflejo
del verdadero santuario donde Él mora.

Llamo a los juglares a entonar una canción nueva y dedicar
        verso poético fresco,
¡Para que podamos proclamar la sorprendente noticia de la
        provisión de Dios!
Elevo mi voz con un fuerte grito, implorando a los músicos que
        toquen y entonen coros para cantar en rondas,
¡Porque tal es la maravilla, la belleza y el amor de Jehová!

———— 65 ————

TUYA ES LA GLORIA
(Salmo 96:7-13)

YO DECRETO:

La gloria es tuya.
Que los cielos declaren.

La fuerza es tuya.
Que los mares bramen.

La reputación es tuya.
Que los árboles canten.

Las ofrendas son tuyos.
Que los campos griten.

Los atrios son tuyos.

Que las criaturas se inclinen.

La adoración es tuya.
Que el pueblo se regocije.

——— **66** ———

TE VEO
(Salmo 98:1-3)

YO DECRETO:

Te veo a ti, Señor.
Veo tu mano derecha.
Veo tu santo brazo.
Veo tu grandeza extraordinaria.
Veo tus milagros.
Veo tu fortaleza incomparable.
Veo tu dirección.
Veo tu mano guiadora.
Veo tu victoria.
Veo tu salvación.
Veo tu fidelidad.
Veo tu éxito.
Veo tu bienestar.
Veo tu prosperidad.
Veo tu protección.
Veo tu disposición.
Veo tu santidad.
Veo tu carácter sagrado.
Veo tu liberación.
Veo tu opulencia.
Veo tu liberación.
Veo tu ayuda.
Veo tu defensa.
Veo tu carácter moral.

Veo tu valor.

Veo tu virtud.

Veo tu justicia.

Veo tu corona.

Veo tu realeza.

Veo tu señorío.

Veo tus togas judiciales.

Veo tu juicio.

Veo tu vindicación.

Veo tu verdad.

Veo tu fidelidad.

Veo tu firmeza.

Veo tu estabilidad.

Veo tu justicia.

Veo tu misericordia amorosa.

Veo tu fidelidad.

Veo tu bondad.

Veo tu compasión.

Veo tu celo.

Veo tu deseo.

Veo tu gracia.

Veo tu favor.

Te veo a ti, Señor.

——67——
EL SEÑOR ESTÁ DELANTE DE MÍ
(Salmo 102)

Yo decreto:

El Señor está siempre delante de mí. Él escucha mi clamor. Él
conoce mi voz.

Él me escucha con respuestas listas.

Dios descansa en su trono, en mi corazón, en casa conmigo.
Los querubines le sirven.
Su compañía, los ángeles y Jehová quedamente traen reposo a
mi alma.

Mis días y mis angustias, por difícil que puedan parecer, en
realidad sólo son momentos fugaces
Ante la eternidad del Altísimo, a quien amo y en quien estoy
seguro.

——— 68 ———
¡TÚ ME OYES!
(Salmo 102)

Yo DECRETO:

¡Tú me oyes!
¡Tú escuchas!
Tú vuelves tu rostro hacia mí, y
Respondes inmediatamente.
Tú eres demasiado amable para mí, oh Jehová,
Tan amable y lleno de misericordia y bondad.
Ciertamente tú vives para siempre
Y el tiempo de tu favor no conoce fin.
Mis hijos y sus hijos
Serán establecidos en ti para siempre.
Por eso te amo tanto:
¡Tú me oyes!
¡Tú escuchas!
Tú vuelves tu rostro hacia mí y
Respondes inmediatamente.

———69———

Ninguna cosa buena retenida
(Salmo 103:1-5)

Yo decreto:

Yahvé, Jehová, no has retenido ninguna cosa buena de mí.

Los errores que he cometido,
Tú has corregido.

Dónde me he equivocado e incluso decidí ser cruel,
Tú has perdonado.

La enfermedad, la dolencia y la opresión que se apoderan,
Tú has sanado.

De las trampas y los peligros de la vida que me acechan a punto
     de atraparme,
Tú me rescatas, del mismo centro de todo.

¿Qué puedo decir y con qué frecuencia
—Para enfatizar lo suficiente—: cuán agradecido estoy?

Yahvé, Jehová, no has retenido ninguna cosa buena de mí.

Cuando mi estómago está vacío,
Tú lo llenas de manjares.

El dolor en mi corazón,
Tú contestas con tu amor.

Cuando la ira y los conflictos surgen a mi alrededor,
Tú los resuelves con la gracia.

¿Qué puedo decir y con qué frecuencia
—Para enfatizar lo suficiente—: cuán agradecido estoy?

Yahvé, Jehová, no has retenido ninguna cosa buena de mí.

——70——
EN LA TIERRA COMO EN EL CIELO
(Salmo 103:19-22)

YO DECRETO:

¡Bendigan a Jehová!
Todos los ángeles que obedecen su palabra y sirven a su pueblo
¡Alábenlo y celébrenlo!

¡Bendigan a Jehová!
Todas las obras de sus manos a través de toda su creación,
¡Bendice a Jehová, alma mía!

——71——
LA LUZ DE DIOS
(Salmo 112:1-5)

YO DECRETO:

La luz de Jehová sobre mi vida me guía como la poderosa
    intensidad de un faro.
Al igual que el brillo del diamante perfecto,
Su amor es el resplandor dentro de mí,
Que ilumina mi corazón y despeja mi mente.
Me encanta la instrucción del Señor.

Toda mi familia está llena de extraordinaria felicidad,
Rebosante de las bendiciones de Dios.
Estoy en temor reverencial de Él.
Yo abrazo el código de sabiduría de Jehová.
Hago míos sus caminos.

Las personas que me conocen confían en mi fuerte carácter
    moral.
Los caracteres de mis hijos brillan con honestidad, modestia y
    respetabilidad.

Una foto de mi vida me tendría inclinado sobre mis rodillas
  ante el Rey.
Él me inviste como caballero con la espada de su Espíritu y me
  levanto delante de Él,
Completamente dedicado a servir a su reino.

Es fácil para los de mi familia generar riqueza.
Todos disfrutamos una habilidad especial para crear y
  mantener riquezas considerables.
Nuestros negocios, nuestras pasiones e incluso nuestras
  aficiones son bendecidos.
Los evaluadores siempre se sorprenden por el alto valor
  inherente de todo lo que tenemos.
El legado de mi fe durante toda mi vida permanecerá.
Echará raíces en mis hijos, nietos y bisnietos.
Nuestro escudo familiar declara veracidad, excelencia y
  prosperidad.
Nos mantenemos firmes e inquebrantables en nuestro
  propósito, lealtad y determinación a nuestro Rey.

La luz del fuego de Dios quema la oscuridad a mi alrededor,
La luz de la instrucción de Dios clarifica y purifica mi alma,
La luz de la opulencia y las riquezas de Dios me traen gozo,
  como las luces en un árbol de Navidad.

Todo lo que soy
  —el ser interior de mi alma,
  mi razón y resolución,
  mi conciencia y determinación,
  mi corazón y mi espíritu—
Se inunda por su luz refulgente.
Yo brillo, renovado y descansado.

72

UNA ACTITUD CORRECTA
(Salmo 112:5-7)

YO DECRETO:

He hecho de la amabilidad y la consideración hacia los demás
mi actitud natural.

Mis palabras son claras y justas,
Mis acciones son adecuadas y apropiadas de un hijo del Rey.
Mi corazón está lleno de deseo de agradar solo a Jehová,
Y debido a esto mi vida está nivelada, es un camino enderezado.

Cada mañana decido tener una actitud amistosa y generosa.
Yo entiendo que no siempre sé lo que otras personas están
sufriendo,
Así que mi primera reacción es siempre ofrecerles la ventaja.
Adopto una actitud que honre a los demás y de buena gana
sirvo a sus necesidades por encima de las mías.

Soy muy cuidadoso con mis palabras y mis acciones.
Considero cada situación cuidadosamente, haciendo lo que
es correcto y apropiado en cada circunstancia para los
negocios, el trabajo y el hogar.

He preparado mi mente para el día. Dejé a un lado las
motivaciones egoístas.
Estoy confiado y contento, sin ninguna preocupación.
Jehová es mi musa e inspiración.
Mi mente es renovada por su Espíritu y su presencia.

—— 73 ——
EL DÍA QUE HIZO JEHOVÁ
(Salmo 118:24-29)

YO DECRETO:

Yo bailo como loco, como si nadie está mirando.
La alegría completa y el éxtasis son míos.
Todo porque Dios está conmigo, Él hizo este día.
Y sé que sus propósitos se completarán en el mismo.

Antes de que yo naciera, Dios formó el día de hoy.
Él se propuso y se encargó de darle forma para mí.
Me comportaré sabiendo que el día de hoy es ordenado por
    Dios.
El día de hoy es una razón suficiente para celebrar mi vida.

¡Hoy es el día que disfruto de mi liberación!
Victoria, libertad, liberación.
¿Quién puede imaginar a Dios dando ayuda a los hombres?
Yo no puedo, ¡pero de todos modos la recibo con los brazos
    abiertos!

No hay fin a las bendiciones de hoy.
Soy feliz, soy próspero y mi carácter moral es seguro.
La devoción de Dios para conmigo es evidente en las nuevas
    misericordias de hoy.
Me siento abrumado por cuán rico es su amor por mí.

——— 74 ———
VIDA A LA MANERA DE DIOS
(Salmo 119:32-40)

YO DECRETO:

Yo vivo mi vida como Dios lo indica, ¡y la veo de repente
expandirse!

Mi futuro se extiende ante mí como el perfecto campo,

Todo es pasto, campos verdes y ríos que fluyen suavemente.

El trayecto donde se encuentra el curso de mi vida es la calzada
hacia su reino.

Yo sé que el permanecer en este camino sólo conduce a un solo
lugar:

La paz con Dios, la paz mental y una conciencia tranquila.

Yo elegí este camino por una razón y estoy decidido a
permanecer en él.

Es un camino antiguo, un camino estable y bien transitado

Que nunca ha fallado a los que caminan a lo largo de su curso.

Yo he llegado a amar este camino.

Yo siento que la vida vibra dentro de mí cuando permanezco en
el centro.

Es como ser sacudido suavemente en un tamiz.

Toda la dureza de mi ser es separada,

Mientras que todo lo que es puro y fino se amontona junto.

Cuando el camino hace un giro, yo lo sigo. Cuando continúa en
línea recta, yo también.

Debido a esto mi corazón permanece naturalmente inclinado a
obedecer a Dios.

Instintivamente evito y me mantengo alejado de las ganancias
deshonestas.

Aparto la mirada de las cosas que sólo apelan a mi vanidad y
     mi ego.

Hay vida, aliento y frescura en todos los caminos de Dios,
Y yo los acojo con gozo y pasión comprometida.
Dios ha establecido desvíos de tráfico para todo aquello que me
     pueda descarrilar.
Mucho antes de que yo siquiera llegue allí, la vergüenza y la
     desgracia son canalizadas bien lejos.

Este viaje de la vida que camino cada día es bueno.

——75——
SEGURO
(Salmo 125)

YO DECRETO:

Estoy confiado y seguro en ti, oh Jehová.
Mi confianza está tan segura, ¡que no tengo temor alguno
     delante de ti!
Yo sé mi lugar en ti, soy tu muy favorecido.
Puedo pedirte cualquier cosa, y entro en tu trono cada día.

Tú me consideras y guardas como tu lugar sagrado, tu monte
     de Sión,
El lugar donde tu novia elegida mora y espera por ti.
Soy inamovible. En ti no puedo temblar, resbalar ni caer.
Soy intrépido, firme, osado y valiente.

Tú eres mi Jehová, el eternamente existente, que no cambia.
Siempre me rodeas, haciendo círculo a mi derredor, duplicando
     vueltas y vueltas,
Hasta el final de las edades tu fidelidad conmigo es segura,
Porque eres eterno, atemporal y fiel.

Independientemente de las acciones y el comportamiento de los
  demás,
Ya sean ignorantes, rebeldes o crueles,
Yo no transigiré en mi devoción por los caminos de Dios.
Porque sostengo el cetro de Jehová; sostengo un estándar más
  alto que el de ellos.

Yo soy tu deleite, Jehová, ¡lo anuncio desde las cimas de las
  montañas!
A tus ojos soy hermoso y alguien bien divertido con quien
  andar.
Al igual que la medicina de la risa, yo soy la alegría en tu día.
Corro hacia ti en el espíritu, en el fresco del día; soy tuyo para
  disfrutar.

Sus pensamientos y acciones con respecto a mí están llenos de
  favor.
Yo soy el beneficiario de todo lo que está en ti, de todo lo que
  es bueno.
Te prodigas a ti mismo generosamente sobre mí, tú me prodi-
  gues con los tesoros del cielo.
Porque en el lugar más profundo de mí mismo, he elegido vivir
  en pureza.

Yo decreto paz, prosperidad y contentamiento en mi vida.
Los decreto sobre mis hijos, mi casa y mi familia extendida,
Mis compañeros de trabajo, mi trabajo, mi día y todos los que
  se cruzan en mi camino.
La bendición de Jehová cumple todos mis sueños y mi visión de
  la vida.

——76——
DESCANSO Y PROVISIÓN,
INCLUSO EN EL SUEÑO
(Salmo 127)

YO DECRETO:

Yo no trabajo en vano; todo por lo que trabajo es estable y
    seguro.
La casa que construyo es de Jehová.
Él la planeó y la ha sostenido para mí desde el principio.

Sigo la dirección de Jehová, trabajando junto a Él, colaborando
    con su Espíritu.

Me levanto temprano con alegría y con gratitud.
Y como el fruto del descanso; me deleito en la paz.
Duermo con calma y en paz toda la noche.

Jehová se deleita en compartir su abundancia conmigo.
Él llena mis despensas, desborda mi almacén.
Yo soy su orgullo y su alegría; Él no retiene nada de mí.

Todo esto, mientras duermo el sueño profundo, pacífico, de
    uno que está en los brazos del amor.

——77——
SIEMPRE MÁS, SIEMPRE MÁS ALTO
(Salmo 128)

YO DECRETO:

¡Levántense! ¡Levántense, pensamientos de la bondad de Dios!
    ¡Levántense, palabras de adoración!
Porque Jehová ha reservado bendiciones y gozo inmenso para
    mí:

Tengo mucho cuidado con mi día y con mi tiempo.

Soy muy cuidadoso con la presencia de Jehová.

Elijo palabras, acciones y estados de ánimo que sean acogedores para Él.

Mi vida es un viaje y me encanta la aventura.

Me abro paso cada día siguiendo su ejemplo.

Siego alegría en cada momento porque me sonrío a cada tarea.

No puedo dejar de reír y mis días están llenos de grandes amigos,

Porque evito los chismes y la falta de bondad, y no causo ansiedad a otros.

Si hay ira, la calmo; si hay tristeza, la reduzco con cuidados.

Mi familia es mi orgullo y mi alegría, me encanta estar con ellos.

La comida en mi casa se multiplica y mis suministros nunca disminuyen.

Siempre hay suficiente, no podemos dejar de dar a otros.

Mis hijos brillan desde su interior, santos, puros y justos.

Ellos traen sus historias para la cena y nos deleitamos juntos como amigos.

Me cuentan de sus sueños y su pasión, compartiendo sus vidas conmigo.

¡Jehová me ha bendecido y me sigue bendiciendo cada día más!

Mi vida está llena de belleza, gozo, prosperidad, propiedades, riqueza y alegría.

Siempre más, siempre más alto, siempre en aumento en todo lo que soy,

La paz de días de verano cálidos perezosos es mía todos los días,

Y así será siempre.

78

¡Redención abundante!
(Salmo 130)

Yo decreto:

Adonai, Yahveh, Jehová Dios, Santo,
Tú me oyes. Tú escuchas con mucha atención.

Sinceros y apasionados son tus deseos para mí.
Alegremente concedes todas mis peticiones.

Tú sigues con proclamaciones de tu voluntad,
Dictando sentencia a mi favor.

Yo espero pacientemente por tu elección del momento
    oportuno.
Confiado. Expectante.

Sabiendo muy bien que te interesas en mí y me has prometido
Satisfacer mi esperanza.

CREO EN TI.

Mi alma, mi secreto yo interno, profundo,
Donde todos mis sueños, esperanzas y deseos persisten,
Respira con paciencia, entendiendo que tú estás aquí.

Porque en ti, como en ningún otro,
Yo encuentro ternura y compasión, liberación y distinción.
Tú guardas en reserva para mí
Abundancia de redención.

—*79*—

LA BENDICIÓN DE LA UNIDAD
(Salmo 133)

YO DECRETO:

Yo vivo en unidad
Con la familia, con los amigos y con todos los que cruzan mi
  camino.

¡Qué diferencia marca eso!

Es como si la atmósfera estuviera compuesta con canciones
  suaves,
Canciones de paz, notas de felicidad y tonos de deleite.

Y en ese lugar tranquilo,
Encuentro sus bendiciones por siempre.

—*80*—

ESCUCHO TU MISERICORDIA
(Salmo 143:7-9)

YO DECRETO:

Sin demora, mi voz llega a tus oídos.
En un instante, tú me oyes.
¡Inmediatamente, respondes!
Antes de que mi espíritu tenga tiempo de fallar,
Tu rostro brillante destella delante de mí,
Tú me muestras tu rostro con compasión.

Tú me susurras suavemente, hablando sólo de tu
Ternura, bondad, fidelidad, misericordia y favor,
Tales son tus ánimos para mí.

Es este amor perfecto y alta consideración que tienes de mí

Lo que hace que confíe en ti, totalmente, completamente y con
  seguridad.
Mi espíritu, una vez abatido, está de nuevo despreocupado y
  osado.

Tú me libras. Me arrebatas de la destrucción,
Tú despojas a los mismos que tienen la intención de
  perjudicarme a mí.
Tu corazón y tu aliento me reviven. Me abrumas con amor.

—81—
Tú caminas mi travesía conmigo
(Salmo 143:10)

Yo decreto:

Tú me enseñas cómo vivir, actuar, pensar, respirar, sentir y
  comportarme.

Tú me enseñas con diligencia, pericia, con ternura, y
  hábilmente, todo con el ejemplo.

Todo de acuerdo a tus caminos, tu delicia, tu buena voluntad y
  tu favor.

Con aceptación completa y perfecta, tú caminas mi travesía
  conmigo.

—82—
La vida es buena
(Salmo 144)

Yo decreto:

Soy bendecido de Jehová. Lo digo de nuevo con pasión: ¡Soy
  bendecido de Jehová!

Y bendigo a Jehová, me inclino ante Él porque es grande y
poderoso.

Mi fuerza, lo que alimenta el impulso de mi avance, es de
Jehová.

La espada y las flechas de Jehová son mías, Él las empuña en mi
defensa.

La salvación de Jehová es tan hermosa y su protección tan
segura,

Que no puedo dejar de cantar.

Mis hijos son fuertes y hermosos,

Son promovidos en todo lo que ellos ponen sus manos.

Mis amigos son muchos y ellos me sobrellevan.

Alcanzo más allá de las fronteras de mi casa.

¡No puedo contener mi alegría por todo lo que tengo en Él!

83

BENEFICIOS DEL REINO
(Salmo 144)

YO DECRETO:

¡Te adoro, Jehová!

Me arrodillo ante ti postrado en tu santa presencia,

Porque tú te has convertido en mi fuerza inamovible.

Tú eres la hendidura en la roca que me cubre.

Tú me enseñas e instruyes de una manera tal que

Cuando batallo, cuando guerreo,

Estoy acostumbrado a la victoria y

En mi mano están los despojos y la fortuna de la guerra.

Tú me libras de los que hablan mentira inútiles,

Cuyos caminos son vanidades vacías, arrogancia y ego.

Apartado de ellos, estoy separado del trabajo duro y falta de
   vida.
Mi casa, familia, negocios y esferas de influencia son liberados.

Por lo tanto,

Mi familia está establecida y distinguida.
Ocasiona que mis hijos sean criados delante de ti,
Capaces de hacer grandes cosas y ser promovidos en todos los
   sentidos,
¡Ellos son vigorosos, apasionados, bellos y fuertes!

Mi negocio y las obras de mis manos son promovidos
Con éxito, con un final bueno y rentable.
Tan llenos como están los mares con abundancia de agua,
Así lo están mi patrimonio, mis dividendos, mis ingresos e
   intereses.

Tu reino produce beneficios ilimitados en mí y por mí.
Soy aumentado y multiplicado exponencialmente.
Mi casa y negocio, y las ciudades donde vivo son bendecidos
   con paz.
Yo habito en ti como en un refugio tranquilo.

—— 84 ——

¡JEHOVÁ ES MI DIOS!
(Salmo 144:12-15)

YO DECRETO:

¡Mis ahorros se desbordan! ¡Mis negocios prosperan!
¡Mis inversiones aumentan de valor!

Todo lo que tengo crece, asegurando mi éxito,
Lo cual me permite seguir diversificando.

Mis dividendos dan una apreciación multiplicada por mil.

Mis ganancias reportan multiplicación exponencial.

Mis amigos son fieles y fructíferos.
Son fuertes y tienen mi espalda.

Dondequiera que habito, dondequiera que yo viaje,
No hay tristeza ni falta ni pérdida.

Tal es la norma para aquellos de nosotros
Que tenemos a Jehová como nuestro Dios.

——85——
BENDICE AL SEÑOR
(Salmo 145)

YO DECRETO:

Yo bendigo a Jehová. Alabo su grandeza. Declaro su fidelidad.
Estoy agradecido sobremanera, mis palabras están cambiando
la atmósfera;
Estoy creando un cielo abierto con la intención y el propósito
de vivir allí:
Grande es Jehová y digno de ser en gran manera alabado.

Dios es la cabeza de este hogar.
Sus caminos son mis caminos.
Yo lo coloco en el trono de mi corazón,
Y elevo su fidelidad para que todos la vean.

Yo me rindo a Jehová.
Me inclino ante Él en santidad.

El Espíritu de Dios está dentro de mí.
Su luz resplandece con un brillo incomparable.
Mi mente está iluminada desde adentro.
Mi alma es hecha de nuevo por su claridad y su pureza

El tamaño de Jehová es inconmensurable.

Su presencia, intensa, más allá de lo que se puede soportar
Su majestad y belleza no pueden ser plenamente conocidas
Y sin embargo...

Yo lo abrazo y Él me envuelve.

—— 86 ——
¡SIN LÍMITES!
(Salmo 146)

YO DECRETO:

Yo desato mi alabanza a Jehová.
Yo irradio su Espíritu brillando desde mi interior.
Me jacto de su favor.
No puedo hacer otra cosa que cantarle todo el día, ¡todos los
    días!

No dependo de la generosidad de otros.
No encuentro la seguridad en el mundo o en los hombres.
Ellos no me pueden ayudar.
Mi esperanza y provisión vienen de Jehová.
Soy tan bendecido con las riquezas de Dios.
Sólo Él es mi fuente.

Puedo permitirme ser ridículamente feliz porque
El que hizo el cielo y la tierra es mi esperanza.
Su tamaño, su grandeza y sus capacidades son ilimitados.
Por lo tanto mis capacidades son ilimitadas porque Él está en
    mí.
Su fuerza nunca falla, lo que significa que la mía tampoco.

Estas cosas son ciertas:

Dios es fiel y Él es fiel a mí.
La justicia es mía.
Yo nunca tengo hambre; estoy siempre lleno.

Nunca estoy atrapado; soy libre.

Mis ojos están abiertos.
Soy elevado.
Soy amado.
Soy protegido.
Tengo apoyo y provisión.
Los planes de los malvados que me rodean son frustrados aun
antes que comiencen.

—— *87* ——
SU BONDAD INVADE
(Salmo 147)

YO DECRETO:

Mi corazón es transparente; mi alma es clara como el cristal.
Mi espíritu flota como una pluma en el aire.
El sonido de mi voz corta la atmósfera como una trompeta
Cuando declaro la bondad de Dios.

Disfruto de sacar tiempo para pensar en la belleza y la bondad
de Dios.
El aire es ligero y fresco. Puedo saborear su presencia como
rocío de lluvia.
Estoy completamente preocupado con Él.

Jehová provee de forma permanente, restaurando mi esperanza
y mi gloria

Mi hombre interior es sanado y está en paz.
El favor es restaurado a mi hogar y a mi familia.
Mis negocios prosperan porque Jehová los edifica.
Mi familia extendida y mi círculo de amigos son animados.
Su bondad invade cada momento, cada circunstancia con risa.

——88——

¡ALABADLE!
(Salmo 148)

Yo DECRETO a la creación, a la tierra y a toda su plenitud: ¡alabadle!

¡Alabadle! Alabado sea el Señor Dios.
Porque Él es el eterno, el que existe.

Alabadle desde los cielos.
Alabadle desde los puntos más altos de la tierra.
Alabadle desde los asientos de la gloria y el honor.

Todos los que están sentados en los lugares de honor y favor y
    privilegio, ¡alabadle!

Los ángeles y las huestes celestiales se deleitan en lo que Él es.
El espacio profundo y las fuentes del abismo muestran tu
    maravilla.
El sol y el amanecer, la luna y los cuerpos celestes brillan con el
    resplandor de su gloria.

Vanaglóriense en su reputación, porque Él habló un simple
    comando, uno solo
Y todas las cosas fueron formadas con una elegante
    complejidad.

Vanaglóriense en su poder porque Él ha establecido su creación
    para siempre
Y ha decretado que nunca deben terminar.

Los dragones y las bestias que habitan en el abismo y en el
    vientre de la tierra, ¡se inclinan ante Él!

Elementos y estaciones, ¡déjense llevar con abandono,
    magnificando su nombre!

Montañas, colinas, valles, océanos, ríos y cursos de agua,
¡eleven sus voces a su nombre!

Árboles altísimos, arbustos trepadores, plantas con flores,
semillas y tallos, ¡florezcan con su gloria!

Cada ser viviente que se mueve a través de la tierra, ¡ruja a su
majestad!

Naciones, líderes, gobernantes y jueces, ¡comanden sus
preceptos y estatutos!

Bebés e infantes, niños y jóvenes, hombres y mujeres, ancianos
y sabios,
Actúen como locos haciendo un espectáculo de su gozo en Él.

¡Vivan brillantemente pues sólo Él está por encima, y es el
único digno de una vida invertida en Él!

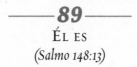

89

ÉL ES
(Salmo 148:13)

Yo DECRETO:

¡Yo me vanaglorio en el nombre de Jehová!
Celebro su renombre a través de los siglos.

Mis palabras e intenciones para con Él son claras
¡Su reputación es mi fortaleza y garantía!

Mi vida, carácter e integridad brillan intensamente
Porque Él es la fuente de todo lo que soy.

Incluso si luzco tonto ante otras personas, ¡no me importa!
Disfrutar de la experiencia de su presencia es demasiado para
contenerlo.

Lo que Él es supera cualquier pensamiento que mi mente
    mortal pueda evocar.
Su reino es alto inaccesible y, sin embargo, Él mora dentro de
    mi corazón.

Él es, y es, la fuente de protección, riquezas, seguridad y
    prosperidad.
No hay enemigo que pueda poner en peligro su imperio.

Él es belleza. Él es frescura. Él es novedad.
Él es luminosidad. Él es resplandor. Él es luz. Él es y es mío.

SEGUNDA PARTE

Decretos inspirados por las palabras hebreas en los Salmos

EL LENGUAJE ES a la vez sencillo y complejo. Las palabras tienen un valor nominal, pero pueden tener un significado más profundo también. Ellas pueden tener un significado adicional a partir del contexto, los modismos culturales y la metáfora. El lenguaje es rico, pleno y vibrante. Y la Palabra de Dios, como nos dice Hebreos 4:12: "viva y poderosa, y más cortante que cualquier espada de dos filos. Penetra hasta lo más profundo del alma y del espíritu, hasta la médula de los huesos, y juzga los pensamientos y las intenciones del corazón" (NVI).

Nunca ha sido esto más evidente que en mi estudio de los Salmos en el original hebreo. El hebreo antiguo es a la vez poético y directo. No es sólo prosa; es complejo, con páginas completas que comprenden ecuaciones matemáticas.

A medida que estudiaba el hebreo para los decretos en este libro, me di cuenta de que ciertas palabras se utilizan una y otra vez, y la extensión y profundidad de su significado era tan notable que se merecían un decreto para ellas solas. A continuación se presentan los decretos inspirados en las palabras hebreas para "la luz", "el camino", "juzgar", "herencia", "paz", "aumento", "bienaventurado" y "sabiduría". Ellas están escritas para que usted pueda

> *El hebreo antiguo es a la vez poético y directo. No es sólo prosa; es complejo.*

decretar el poder y la profundidad del corazón y el propósito de Dios con usted sobre usted mismo, sobre su vida, su familia, su negocio y toda su esfera de influencia.

——— *90* ———

Luz y camino de Dios
(Decreto inspirado en las palabras hebreas maór *y* dérek, *como se usan en el Salmo 119:14, 105.)*

Yo decreto la luz de Dios sobre mí mismo:

La luz que alumbra brillantemente como el sol
La luz que suaviza la oscuridad como la luna
La luz que trae esperanza como el amanecer
La luz que trae el calor como un fuego ardiente.

Yo decreto que la luz de la vida de Dios es mi vida.
La luz de su instrucción es mi guía,
La luz de su prosperidad es mi amiga, y
La luz de su rostro resplandece sobre mí.

Su luz expone las mentiras y restaura la verdad en mi defensa.
Su luz estimula la rectitud entre todos los que caminan
        conmigo.
Su luz trae la justicia impartida en mi favor.

Yo decreto que esta luz brilla sobre mi camino:
La travesía de la vida que viajo,
Ese antiguo sendero de Dios
El carácter moral profundo dentro de eso conduce mis pasos
Y mis peculiaridades, hábitos y forma de ser.

——91——

JUZGAR

(Decreto inspirado en la palabra hebrea
shafát, como se usa en el Salmo 7:11.)

Yo DECRETO a Dios como juez sobre mi vida.

Él es mi vindicación, mi reputación
El juez de mi vida
Su gobierno está establecido sobre mí.

Él decide las controversias
Él ejecuta la sentencia a mi favor
Él juzga y castiga; no yo.

Él defiende mi causa
Y dicta una sentencia a mi favor,
Y me libra de todos los que se oponen.

Sus leyes argumentan a mi favor
Y su gobierno me trae paz.
Yo decreto a Dios como juez sobre mi vida.

——92——

HERENCIA

(Decreto inspirado en la palabra hebrea
nakjalá, tal como se usa en el Salmo 2:8.)

Yo DECRETO:

Yo reclamo la herencia completa, redimida de mi línea
     sanguínea
Yo reclamo la herencia plena y completa que tengo en Cristo.
La reclamo para mí, mi familia, mis hijos y los hijos de mis
     hijos
La reclamo para las generaciones venideras.

De Jehová es la tierra y todo lo que contiene.
Él ha transferido el dominio y autoridad sobre mí.

Todas las bendiciones en los lugares celestiales me son dadas.
¡La tierra prometida es mía!

Tomo posesión de las promesas de Dios.
Poseo y habito la tierra que me ha sido dada.
Disfruto de todos los derechos y privilegios legalmente míos.
La herencia de Jehová está a mi disposición.

Reclamo la propiedad como mi porción, mi copa y mi acción.
La cosecha es mía.

Soy también la herencia de Cristo.
Él me posee y habita en mí.
Yo soy su posesión más preciada, transmitida a Él: un regalo de
    su Padre.

93

PAZ

(Decreto inspirado en la palabra hebrea
shalóm, *como se usa en el Salmo 125:5.)*

Yo DECRETO paz. Hago camino para la paz.

Al igual que un tubo de lava esculpido en la roca por la lava
    derretida,
Declaro que la paz esculpe los lugares difíciles de mi corazón y
    abre el camino para el fuego líquido y la presencia de Dios.

Su paz me completa.
La paz sana mi mente y prospera mi alma.
La paz crea un lugar seguro para mí, un refugio del mundo.

Mi hogar es un lugar de tranquilidad y contentamiento.
A pesar de que puede estar ocupado, es un lugar de descanso.

Mis amigos están a gusto conmigo, disfrutamos de nuestro
   tiempo juntos.

Mi dominio y mi esfera de influencia ya no están en guerra
Pero prosperan en todas las cosas, arraigados en la paz.
Estoy en paz con Dios.

—— 94 ——

FRUTO

(Decreto inspirado en la palabra hebrea
yebúl, como se usa en el Salmo 67:6.)

YO DECRETO:

Alabo a Jehová y la tierra da su fruto. ¡Esta es una promesa!

Por tanto, yo alabo a Jehová
Alabo a Jehová por la mañana y por la noche.
Alabo a Jehová cuando no puedo ver su camino claramente.
Lo alabo cuando hace el camino conocido.

Sin dudarlo y sin preguntas
Alabo a Jehová.

¡Y me da mucho fruto!
Observe cómo mi fruto es rebosante.

De Jehová es la tierra y todo lo que contiene.
¡La tierra me da su fruto por el decreto del Señor!

Toda la tierra y todo lo que contiene
La tierra, el suelo, los cursos de agua, den su fruto para mí.
Mi hogar en la tierra, mi esfera de influencia, mi familia y mis
   amigos,
Sean fecundos y multiplíquense, y den toda su bondad para mí.

Mi negocio, mis pasatiempos y mis nuevas oportunidades,
¡Yo decreto que aumenten!

Salarios perdidos, pagados de nuevo
Tiempo robado, restaurado
Ventas e intercambios, en crecimiento
El trabajo y los negocios, rentables
Informes de intereses y dividendos, crecientes
Nuevas ideas e invenciones, disparadas

Hablo a las riquezas de la tierra: oro, petróleo, minerales y
    piedras preciosas,
Aumenten en valor, aumenten en mi cartera de valores,
    aparezcan a mi alrededor.

Hablo a los recursos de la tierra: al agua, al aire y al suelo,
Aumenten en pureza y en abundancia, aumenten como mis
    posesiones.

Yo decreto la restauración de la tierra,
¡Rompo el poder de la maldición y hablo libertad!

Hablo a los árboles frutales y a las semillas sembradas por el
    agricultor,
Crezcan, prosperen, libres de insectos y gérmenes, llenos de
    vida y del poder que da la vida

Yo decreto nutrientes a la tierra y le doy la bienvenida a los
    alimentos en retorno.

Alabo a Jehová por todo lo que hace por mí.
Alabo a Jehová por el fruto que me ha concedido.

—— *95* ——

Bienaventurado
(Decreto inspirado por la palabra hebrea
barak, *tal como se usa en el Salmo 67:7.)*

¡Yo DECRETO la bendición del Señor!

Decreto que Dios me ha bendecido, sus bendiciones son tales
que la totalidad de los extremos de la tierra tiemblan y
tienen temor a causa de su bondad conmigo.

El favor que brilla sobre mí como hijo o hija de Jehová es
diferente a todo lo otorgado por un padre terrenal.

Doblo mis rodillas para recibir la ordenación y la bendición
de mi Señor. Él hace que me arrodille, alentándome y
ayudándome a echarme postrado delante de Él en paz.

De sus palabras destilan paz y seguridad. Él es mi corona y mi
escudo.

Su bendición se mueve en, a través y más allá de mí, me
captura en una estela de su favor. Él me habla en las
noches, trayendo su consejo e instrucciones claras.

Sus palabras son eterna y divinamente inspiradas, llevando con
ellas los dones del cielo.

Su bendición vibra dentro de mi ser, un vivo eco vibrante de
su rostro, que me lleva un verdadero conocimiento de
lo que Él es y a una experiencia presente de la verdadera
adoración.

———*96*———

Sabiduría cauta

(Decreto inspirado en las palabras hebreas kjokmá, sékel / sakál,
tal como se usa en los Salmos 2:10; 14:2; 32:8; 53:2; 111:10.)

Yo decreto la sabiduría y el entendimiento del Espíritu de Dios.

El espíritu omnisciente de sabiduría
Me imparte la capacidad de entender a la perfección.

Prudente en la acción y cautelosa de corazón,
Tal es la astuta sabiduría de Jehová

Llena de sentido y discreción
Trayendo percepción y un significado cada vez más profundo

La culta sabiduría causa prosperidad
Y con el conocimiento de Él viene el éxito.

TERCERA PARTE

Decretos inspirados en el Salmo 24 para influir la cultura

HAY LUGARES DE poder que influyen en la cultura humana. Ellas se extienden más allá de los límites de lo que se considera la cultura occidental u oriental, o el estatus de nación del primer mundo o del tercer mundo. Estas "personas influyentes" dan forma a la manera en que un pueblo ve al mundo y su lugar en él.

Estos lugares de poder tienen menos que ver con los gobiernos del mundo, los sistemas y programas, y más con las fuerzas espirituales que operan en el reino invisible. Como explica Efesios 6:12: "Pues no luchamos contra enemigos de carne y hueso, sino contra gobernadores malignos y autoridades del mundo invisible, contra fuerzas poderosas de este mundo tenebroso y contra espíritus malignos de los *lugares celestiales*" (NTV, énfasis añadido).

En la Palabra vemos a menudo lugares de poder referidos como "colinas", "montañas" y "lugares altos". Estos lugares pueden pertenecer a las fuerzas oscuras, tal como se describe en Deuteronomio 12:2: "Deberás destruir todos los lugares donde rinden culto a sus dioses—sobre las cimas de las montañas y de los cerros" (NTV). O pueden representar lugares donde Jehová habita, como en el Salmo 15:1: "¿Quién puede adorar en el santuario, oh Jehová? ¿Quién puede entrar a su presencia en tu *monte santo*?" (NTV, énfasis añadido). El que estos lugares de poder, o lugares altos, estén ocupados y controlados por el reino de las tinieblas o el reino de los cielos, determina el tipo de influencia cultural que tienen.

Con el fin de combatir las fuerzas oscuras que están operando e influyendo en el mundo y la gente en él, nosotros empleamos herramientas espirituales. Una de esas herramientas son los decretos. A través de esta sencilla, pero poderosa y efectiva herramienta espiritual podemos cambiar nuestras vidas, nuestras familias, nuestro trabajo y nuestras esferas de influencia, y hacer que el reino de los cielos impere en y sobre cada lugar de poder.

El Salmo 24:1 nos dice: "La tierra es del Señor, y todo lo que hay en ella; el mundo y todos sus habitantes le pertenecen" (NTV). Como el mundo y todo lo que contiene pertenecen a Jehová, tenemos autoridad sobre ello. Por lo tanto, cuando decretamos su Palabra somos capaces de liberar su reino como la influencia cultural dominante. Establecemos su reino—el Reino de Dios—en los lugares de poder.

> *A través de esta sencilla pero poderosa y efectiva herramienta espiritual podemos cambiar nuestras vidas, nuestras familias, nuestro trabajo y nuestras esferas de influencia, y hacer que el reino de los cielos impere en y sobre cada lugar de poder.*

Los principales factores de influencia en nuestra cultura se han identificado de la siguiente manera: los negocios, el gobierno, la familia, la religión, los medios de comunicación, la educación y el entretenimiento. Estos son los lugares de poder que tienen el mayor impacto sobre las mentalidades culturales—la forma de pensar de las personas—y en las tendencias culturales.

En las páginas siguientes, el Salmo 24 ha sido adaptado como un decreto abordando cada uno de estos lugares de poder. El Salmo 24:3 identifica el lugar de Dios como un "monte", estos decretos siguen esa metáfora con la intención de establecer a Dios como el factor de influencia cultural. Miqueas 4:1 profetiza que esto va a suceder:

Acontecerá en los postreros tiempos que el monte de la
casa de Jehová será establecido por cabecera de montes,
y más alto que los collados, y correrán a él los pueblos.

Juntos podemos decretar sobre los lugares de poder en los lugares
celestiales, ¡y ver cada uno de los siete factores de influencia culturales recuperados para Dios!

—— 97 ——
UN DECRETO PARA EL NEGOCIO

YO DECRETO:

¡Este monte es de Jehová!
Los negocios y todos sus propósitos fueron diseñados y
establecidos por Dios.
Todos los que moran en este monte del mercado son de Jehová.
Los reclamamos por su justicia.

Reconocemos el árbol de olivo plantado por Jehová en la cima
de este monte.
Declaramos que la unción de Jehová mora en el asiento de
poder de los negocios.
Liberamos su unción, sus propósitos, su Espíritu, su negocio, su
aumento,
Su prosperidad, su bendición, su favor y su gracia.

Nosotros, los que amamos a Jehová, que amamos "estar en los
negocios del Padre"
¡Decidimos ascender este monte de los negocios!
Nuestra fe es pura. Nuestra mente está fija en Cristo.
Con nuestras manos ejercemos uso del poder y la victoria del
Altísimo.

Declaramos que no podemos ser comprados ni vendidos.

Nuestro secreto yo interior es sincero en la búsqueda de la
     honestidad, la integridad y la rectitud.
Nuestra conciencia y nuestras emociones son sin compromiso,
     reflejando su luz pura.
Somos fuertes y estamos llenos de valor.

Tenemos la bendición de Jehová. Su devoción está orientada a
     nosotros.
Él nos ha prodigado con regalos sobre regalos sobre regalos.
Nosotros los liberamos sobre este monte.

Jehová tiene un tratado de paz para el monte de los negocios.
Su deseo es restaurar el monte a su intención y propósito
     original.
Nosotros lo establecemos por Él.

Ha llegado el momento. Somos la generación, las personas que
     buscan su rostro.
Somos la morada del Altísimo.
Nosotros luchamos con la promesa y luchamos por la promesa.
¡Fijamos nuestras manos y no soltaremos hasta que este asiento
     de poder sea nuestro!

¡Hey! Ustedes portales de negocios, invenciones, estrategias y
     planos;
Ustedes puertas de entrada; ustedes mercado y lugares públicos
     de reunión;
Ustedes puertas antiguas y callejones de la esperanza, ustedes
     portavoces de los cielos,
¡Decretamos sobre ustedes!

¡Despierten! Alcen sus cabezas, ábranse y sean puestos en
     libertad.
Reciban un nuevo plan y programa.
Reciban el corazón del Padre y de su negocio.

¡Sean restaurados hasta los cimientos de su Creador y su
  propósito!

Prepárense.
El Rey de gloria, esplendor, dignidad, honor y riquezas está
  listo para pasar por aquí.
Jehová de los ejércitos, de toda la creación, el Dios de la guerra
  está sobre ti.

----- *98* -----

UN DECRETO PARA EL GOBIERNO

Yo decreto:

¡Este monte es de Jehová!
Todos los lugares de poder gubernamentales, todos los
  gobernantes de altos puestos
Sus fundamentos y propósitos fueron diseñados y establecidos
  por Dios
Todos los que moran en este monte del gobierno son de Jehová.
Los reclamamos por su justicia.

Reconocemos el árbol de olivo plantado por Jehová en la cima
  de este monte.
Declaramos que la unción de Jehová mora sobre todos los
  lugares de poder gubernamental.
Liberamos su unción, sus propósitos, su Espíritu, su gobierno.

Nosotros, los que amamos a Jehová, que amamos su gobierno,
  su orden y su autoridad
¡Decidimos ascender este monte gubernamental!
Nuestra fe es pura. Nuestra mente está fija en Cristo.
Con nuestras manos ejercemos el poder y la victoria del
  Altísimo.

Declaramos que no podemos ser comprados ni vendidos. No
  somos vulnerables a las presiones políticas.

Nuestro secreto yo interior es sincero en la búsqueda de un
    gobierno correcto, una regla correcta.
Nuestra conciencia y nuestras emociones no tienen
    compromiso, reflejando su luz pura.
Somos fuertes y estamos llenos de valor.

Tenemos la bendición de Jehová. Su devoción está orientada a
    nosotros.
Él nos ha prodigado con regalos sobre regalos sobre regalos.
Nosotros los liberamos sobre este monte.

Jehová tiene un tratado de paz para el monte de los negocios.
Su deseo es restaurar el monte a su intención y propósito
    originales.
Nosotros lo establecemos por Él.

Ha llegado el momento. Somos la generación, las personas que
    buscan su rostro.
Somos la morada del Altísimo.
Nosotros luchamos con la promesa y luchamos por la promesa.
¡Fijamos nuestras manos y no soltaremos hasta que este monte
    gubernamental sea nuestro!

¡Hey! Ustedes portales de autoridad, liderazgo, norma y
    gobierno;
Ustedes puertas de entrada, foros de leyes y lugares públicos de
    reunión;
Ustedes puertas antiguas y callejones de la esperanza, ustedes
    portavoces de los cielos,
¡Decretamos sobre ustedes!

¡Despierten! Alcen sus cabezas, ábranse y sean puestos en
    libertad.
Reciban un nuevo plan y programa.
Reciban un liderazgo dirigido por el Espíritu.

¡Sean restaurados hasta los cimientos de su Creador y su propósito!

Prepárense.

El Rey de gloria, esplendor, dignidad, honor y riquezas está listo para pasar por aquí.

Jehová de los ejércitos, de toda la creación, el Dios de la guerra, está sobre ti.

—— 99 ——

UN DECRETO PARA LA FAMILIA

YO DECRETO:

¡Este monte es de Jehová!

La familia, como un lugar de seguridad y unidad, como un modelo de amor y fuerza

Todos sus propósitos fueron diseñados y establecidos por Dios

Todos los que moran en este monte de la familia son de Jehová.

Los reclamamos por su justicia.

Reconocemos el árbol de olivo plantado por Jehová en la cima de este monte.

Hablamos vida, libertad, fecundidad y eternidad a este árbol.

Declaramos que la unción de Jehová mora sobre todos los asientos de poder de la familia.

Liberamos su unción, sus propósitos y su Espíritu.

Liberamos su amor, su unidad y su hermandad.

Nosotros, los que amamos a Jehová, que amamos ser parte de la familia de Dios,

¡Decidimos ascender este monte familiar!

Nuestra fe es pura. Nuestra mente está fija en Cristo.

Con nuestras manos ejercemos el poder y la victoria del Altísimo.

Declaramos que estamos a favor de Cristo, su familia y su
cuerpo. Estamos a favor de la unidad.
Nuestro secreto yo interior es sincero en la búsqueda de la fe,
la esperanza y el amor.
Nuestra conciencia y nuestras emociones son constantes, sin
competencia ni celos,
Reflejando su luz pura. Somos fuertes y estamos llenos de valor.

Decretamos sobre este monte el fruto del Espíritu:
Amor, alegría, paz, paciencia, amabilidad, bondad, fidelidad,
humildad y dominio propio.
Decretamos la naturaleza del amor sobre el monte de la familia
y sobre nuestras familias.
Decretamos paciencia y amabilidad y cortamos la envidia, la
jactancia y los esfuerzos.

Decretamos humildad, cortamos la rudeza y las actitudes
egocéntricas.
Hacemos espacio solo para la justa ira, pero no guardamos
ningún récord de los males.
El monte de la familia se regocija en la verdad.
Decretamos una atmósfera donde el amor siempre protege,
confía, espera y cree lo mejor. El amor persevera.
El monte de la familia es rico en amor que nunca falla.

Tenemos la bendición de Jehová. Su devoción está orientada
hacia nosotros.
Él nos ha prodigado con regalos sobre regalos sobre regalos.
Nosotros los liberamos sobre este monte.

Jehová tiene un tratado de paz para el monte de la familia.
Su deseo es restaurar el monte a su intención y propósito
originales.
Nosotros lo establecemos por Él.

Ha llegado el momento. Somos la generación, las personas que buscan su rostro.

Somos la morada del Altísimo.

Nosotros luchamos con la promesa y luchamos por la promesa.

¡Fijamos nuestras manos y no soltaremos hasta que este monte de la familia sea nuestro!

¡Hey! Ustedes portales de protección; ustedes entradas de amor, unidad e intimidad;

Ustedes lugares de cobertura; ustedes puertas antiguas y callejones de la esperanza,

Ustedes portavoces de los cielos,

¡Decretamos sobre ustedes!

¡Despierten! Alcen sus cabezas, ábranse y sean puestos en libertad.

Reciban un nuevo plan y programa.

Sean la vía de su paz.

¡Sean restaurados hasta los cimientos de su Creador y su propósito!

Prepárense.

El Rey de gloria, esplendor, dignidad, honor y riquezas está listo para pasar por aquí.

Jehová de los ejércitos, de toda la creación, el Dios de la guerra, está sobre ti.

——*100*——

Un decreto para la religión

Yo decreto:

¡Este monte es de Jehová!

La religión en la forma más pura de adoración y servicio,

Todos sus propósitos fueron diseñados y establecidos por Dios

Todos los que moran en este monte de la religión son de Jehová.
Los reclamamos por su justicia.

Reconocemos el árbol de olivo plantado por Jehová en la cima
de este monte.
Hablamos verdad, pureza, honestidad, consejo sabio y precisión
al árbol.
Declaramos que la unción de Jehová mora sobre todos los
lugares de poder religioso.
Liberamos su unción, sus propósitos y su Espíritu. Liberamos
verdad.

Decretamos el espíritu séptuple de Dios sobre todos los lugares
altos religiosos:
El espíritu de temor de Jehová
El espíritu de sabiduría y conocimiento
El espíritu de revelación y profecía
El espíritu de consejo y el espíritu de verdad
El espíritu de la fuerza y el poder
¡Decretamos el reinado del Espíritu Santo!

Nosotros, los que amamos a Jehová también amamos a las
viudas y huérfanos, porque esta es la religión pura.
¡Decidimos ascender este monte de religión por ellos!
Nuestra fe es pura. Nuestra mente está fija en Cristo.
Con nuestras manos ejercemos el poder y la victoria del
Altísimo.

Declaramos que no seremos engañados.
Nuestro secreto yo interior es sincero en la búsqueda de la fe,
la esperanza y el amor.
Nuestra conciencia y nuestras emociones no tienen
compromiso, reflejando su luz pura.
Somos fuertes y estamos llenos de valor.

Tenemos la bendición de Jehová. Su devoción está orientada
 hacia nosotros.
Él nos ha prodigado con regalos sobre regalos sobre regalos.
Nosotros los liberamos sobre este monte.

Jehová tiene un tratado de paz para el monte de la religión.
Su deseo es restaurar el monte a su intención y propósito
 originales.
Nosotros lo establecemos por Él.

Ha llegado el momento. Somos la generación, las personas que
 buscan su rostro.
Somos la morada del Altísimo.
Nosotros luchamos con la promesa y luchamos por la promesa.
¡Fijamos nuestras manos y no soltaremos hasta que todos los
 lugares altos religiosos sean nuestros!

¡Hey! Ustedes portales del espíritu; ustedes entradas; ustedes
 lugares santos y sagrados;
Ustedes puertas antiguas y callejones de la verdad y la fe,
Ustedes portavoces de los cielos, ¡decretamos sobre ustedes!

¡Despierten! Alcen sus cabezas, ábranse y sean puestos en
 libertad.
Reciban un nuevo plan y programa; reciban la verdad y el amor.
¡Sean restaurados hasta los cimientos de su Creador y su
 propósito!

Prepárense.
El Rey de gloria, esplendor, dignidad, honor y riquezas está
 listo para pasar por aquí.
Jehová de los ejércitos, de toda la creación, el Dios de la guerra,
 está sobre ti.

—*101*—
UN DECRETO PARA LOS MEDIOS
DE COMUNICACIÓN

YO DECRETO:

¡Este monte es de Jehová!

Los medios de comunicación y todos sus propósitos, fueron
diseñados y establecidos por Dios

Todos los que moran en este monte de los medios son de
Jehová.

Los reclamamos por su justicia.

Reconocemos el árbol de olivo plantado por Jehová en la cima
de este monte.

Declaramos que la unción de Jehová mora sobre todos los
lugares de poder de los medios.

Liberamos su unción, sus propósitos, su Espíritu y sus medios
de comunicación.

Nosotros, los que amamos a Jehová y a sus medios de
comunicación, ¡decidimos ascender este monte!

Nuestra fe es pura. Con nuestras manos ejercemos el poder y la
victoria del Altísimo.

Nuestra mente está fija en Cristo. Nuestro secreto yo interior
es sincero en la búsqueda de la verdad.

Nuestra conciencia y nuestras emociones no tienen
compromiso, reflejando su luz pura.

Somos fuertes y estamos llenos de valor.

Tenemos la bendición de Jehová. Su devoción está orientada
hacia nosotros.

Él nos ha prodigado con regalos sobre regalos sobre regalos.

Nosotros los liberamos sobre este monte.

Jehová tiene un tratado de paz para el monte de los medios.

Su deseo es restaurar el monte a su intención y propósito
originales.
Nosotros lo establecemos por Él.

Ha llegado el momento. Somos la generación, las personas que
buscan su rostro.
Somos la morada del Altísimo.
Nosotros luchamos con la promesa y luchamos por la promesa.
¡Fijamos nuestras manos y no soltaremos hasta que este monte
de los medios sea nuestro!

¡Hey! Ustedes portales de los medios; ustedes entradas; ustedes
las autopistas de la información,
Ya sea internet, satélite, juegos, red social, educacional o
noticias,
Ustedes puertas antiguas y callejones de la esperanza, ustedes
portavoces de los cielos,
¡Decretamos sobre ustedes!

¡Despierten! Alcen sus cabezas, ábranse y sean puestos en
libertad.
Reciban un nuevo plan y programa;
¡Sean restaurados hasta los cimientos de su Creador y su
propósito!

Prepárense.
El Rey de gloria, esplendor, dignidad, honor y riquezas está
listo para pasar por aquí.
Jehová de los ejércitos, de toda la creación, el Dios de la guerra,
está sobre ti.

—*102*—

UN DECRETO PARA LA EDUCACIÓN

Yo DECRETO:

¡Este monte es de Jehová!

La educación y todos sus propósitos, fueron diseñados y
   establecidos por Dios
Todos los que moran en este monte de educación son de Jehová.
Los reclamamos por su justicia.

Reconocemos el árbol de olivo plantado por Jehová en la cima
   de este monte.
Declaramos que la unción y la paz de Jehová moran sobre todos
   los lugares altos de la educación.
Liberamos su unción, sus propósitos, su Espíritu y su
   educación.
Hablamos la sabiduría de Jehová y el conocimiento del Santo.

Nosotros, los que amamos a Jehová y a su discipulado,
   ¡decidimos ascender este monte!
Nuestra fe es pura. Nuestra mente está fija en Cristo.
Nuestro secreto yo interior es sincero en la búsqueda de la
   verdad.
Con nuestras manos ejercemos el poder y la victoria del
   Altísimo.
Nuestra conciencia y emociones no tienen compromiso,
   reflejando su luz pura.
Somos fuertes y estamos llenos de valor.

Tenemos la bendición de Jehová. Su devoción está orientada
   hacia nosotros.
Él nos ha prodigado con regalos sobre regalos sobre regalos.
Nosotros los liberamos sobre este monte.

Jehová tiene un tratado de paz para el monte de la educación.
Su deseo es restaurar el monte a su intención y propósito
   originales.
Nosotros lo establecemos por Él.

Ha llegado el momento. Somos la generación, las personas que
   buscan su rostro.

Somos la morada del Altísimo.

Nosotros luchamos con la promesa y luchamos por la promesa.

¡Fijamos nuestras manos y no soltaremos hasta que este monte de la educación sea nuestro!

¡Hey! Ustedes portales de la verdad y el aprendizaje; ustedes entradas;

Ustedes lugares de educación y orientación; ustedes portales del ágora y lugares altos;

Ustedes puertas antiguas y callejones de la esperanza, ustedes portavoces de los cielos,

¡Decretamos sobre ustedes!

¡Despierten! Alcen sus cabezas, ábranse, y sean puestos en libertad.

Sean liberados del engaño y la mentira, y sean purificados.

Sean liberados de los falsos programas y reciban un nuevo plan y programa.

Decretamos que sólo la verdad puede fluir a través de ti.

Cortamos el engaño, la mentira y la sabiduría del mundo.

Cortamos el cuestionamiento contra la autoridad y la verdad de Dios.

Decretamos el temor de Jehová,

Su sabiduría y entendimiento, su revelación y su profecía.

Decretamos sobre la educación, ¡sean restaurados hasta los cimientos de su Creador y su propósito!

Prepárense.

El Rey de gloria, esplendor, dignidad, honor y riquezas está listo para pasar por aquí.

Jehová de los ejércitos, de toda la creación, el Dios de la guerra, está sobre ti.

——*103*——
Un decreto para el entretenimiento

Yo decreto:

¡Este monte es de Jehová!

El entretenimiento y todos sus propósitos, fueron diseñados y
     establecidos por Dios

Todos los que moran en este monte del entretenimiento son de
     Jehová.

Clamamos por su justicia.

Reconocemos el árbol de olivo plantado por Jehová en la cima
     de este monte.

Declaramos que la unción, la paz y la unidad de Jehová moran
     sobre todos los lugares altos del entretenimiento.

Liberamos su unción, sus propósitos y su Espíritu.

Decretamos su risa, su gozo, diversión y deleite. Liberamos su
     entretenimiento.

Nosotros, los que amamos a Jehová y su presencia, ¡decidimos
     ascender a este monte!

Nuestra fe es pura. Nuestra mente está fijada en Cristo.

Nuestro secreto yo interior es sincero en la búsqueda de la
     pureza.

Con nuestras manos ejercemos el poder y la victoria del
     Altísimo.

Nuestra conciencia y nuestras emociones no tienen
     compromiso, reflejando su deleite.

Somos fuertes y estamos llenos de valor.

Tenemos la bendición de Jehová. Su devoción está orientada
     hacia nosotros.

Él nos ha prodigado con regalos sobre regalos sobre regalos.

Nosotros los liberamos sobre este monte.

Jehová tiene un tratado de paz para el monte del
    entretenimiento.
Su deseo es restaurar el monte a su intención y propósito
    originales.
Nosotros lo establecemos por Él.

Hablamos pureza y purificación sobre el monte del
    entretenimiento.
Lo lavamos con la Palabra de Jehová, lo bendecimos en su
    nombre.
Decretamos la restauración del gozo de Jehová, el placer y el
    descanso de Dios.

Ha llegado el momento. Somos la generación, las personas que
    buscan su rostro.
Somos la morada del Altísimo.
Nosotros luchamos con la promesa y luchamos por la promesa.
¡Fijamos nuestras manos y no las soltaremos hasta que este
    monte del entretenimiento sea nuestro!

¡Hey! Ustedes, portales del entretenimiento; ustedes entradas;
Ustedes mercados y lugares públicos de reunión;
Ustedes puertas antiguas y callejones de la esperanza, ustedes
    portavoces de los cielos,
¡Decretamos sobre ustedes!

¡Despierten! Alcen sus cabezas, ábranse y sean puestos en
    libertad.
Reciban un nuevo plan y programa.
Cerramos las puertas de la perversión.
Destruimos la maldad, la vulgaridad y las riquezas.
Destruimos los espíritus que atraen a los hijos de Dios a
    lugares oscuros y al ocultamiento.
¡Hablamos vida y revelación sobre los portales del
    entretenimiento!
Reciban el gozo, la diversión y la risa desde la sala del trono.

Sean purificados, vigorizados e inspirados.
¡Sean restaurados hasta los cimientos de su Creador y su
    propósito!

Prepárense.
El Rey de gloria, esplendor, dignidad, honor y riquezas, está
    listo para pasar por aquí.
Jehová de los ejércitos, de toda la creación, el Dios de la guerra,
    está sobre ti.

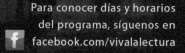